幼兒視覺藝術與創造發展

理論與實務

周敬模　著

五南圖書出版公司 印行

目　錄

第一章

幼兒視覺藝術面面觀

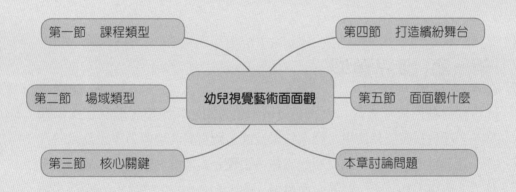

第一節　課程類型

第二節　場域類型

第三節　核心關鍵

幼兒視覺藝術面面觀

第四節　打造繽紛舞台

第五節　面面觀什麼

本章討論問題

幼兒視覺藝術課程目的在促進創造力、表現能力、認知發展和藝術欣賞能力，強調自主創作、互動和合作，以達成美好成果。透過多樣藝術材料和活動培育幼兒的創作能力，並在愉悅的環境中強調共好的價值觀，激發每位幼兒的藝術潛能。

●本章學習目標

1. 基礎色彩理解與應用技巧，藉由調色、色彩對比和運用不同色調表達感受。
2. 形狀與線條的表現與控制，探索線條的變化、形狀的構圖，以及空間感的表達。
3. 創意發展與個人風格表達，發揮創造力、獨特風格，和視覺故事性的表達能力。

第一節　課程類型

　　幼兒藝術教育涵蓋六大核心領域：色彩認知與應用、形狀和線條探索、多種材料與工具使用、圖像敘事技能、觀察與表現能力，以及協同合作。這些核心價值促進幼兒視覺感知、視覺元素理解、創造力、故事表達能力、觀察力和社交技能的全面發展（圖 1-1）。

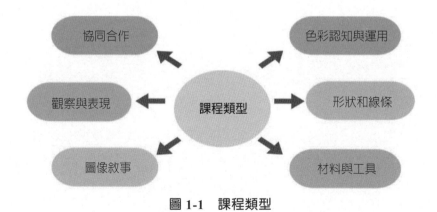

圖 1-1　課程類型

（一）**色彩認知與運用**

幼兒學習辨識不同的顏色，了解色彩的基本理論，並嘗試在創作中運用各種色彩。

（二）**形狀和線條**

引導幼兒認識基本的形狀和線條，例如圓形、方形、直線、曲線等，並將其應用於藝術創作。

（三）**材料與工具**

學習使用不同的藝術材料和工具，例如畫筆、顏料、紙張、黏土等，培養他們的手眼協調和創造力。

（四）**圖像敘事**

幼兒透過簡單的圖像創作，學習表達故事、情感或經驗，發展視覺敘事能力。

（五）**觀察與表現**

引導幼兒觀察周圍的事物，並嘗試用藝術形式表現他們所看到的，培養對世界的敏感度。

（六）**協同合作**

透過團體活動和合作創作，幫助幼兒學習與他人一起創造藝術作品，促進社交和協作能力的發展。

透過基礎課程中的美感教育，我們能激發幼兒的美感知覺和情感表達，提升藝術鑑賞力和創作興趣，為全面發展奠定基礎。

第二節 場域類型

幼兒視覺藝術教材的發展中，場域類型是一個關鍵性的概念，其涵蓋了多元的教學環境和情境。這一節將場域類型細分為四個重要部分：自然環境、教室環境、社區環境，以及藝術博物館或畫廊（圖 1-2）。

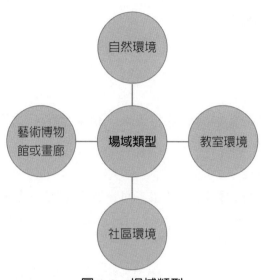

圖 1-2　場域類型

一、自然環境：陽光、空氣、靈感

　　深入探討自然環境對幼兒視覺藝術的影響，包括戶外空間、季節變化、自然景物等，以提供豐富的觀察和創作機會。在戶外設置的藝術場地，讓幼兒能夠利用自然元素進行藝術創作，例如使用自然材料創建地畫、樹葉藝術。戶外場地可提供更多的空間和光線，讓幼兒感受大自然的靈感。

二、教室環境：舒適、安全、流暢

　　聚焦於教室內部的設計和配置，探討建構一個適合視覺藝術學習的教學環境，包括藝術角落的設計、展示方式等。

（一）創意學習角

　　提供了閱讀和積木的活動，透過這些豐富多樣的學習體驗，激發幼兒的創造力。

（二）作品展示櫥窗

　　為幼兒提供一個展現其參與藝術活動成果的場所。此櫥窗不僅是一個

分享平台，更是促進幼兒深度參與藝術創作歷程的媒介。透過這樣的學習環境，我們期望能培養幼兒的藝術表現能力並豐富其學習體驗。

三、社區環境：共好、共學的好地方

研究社區資源如畫廊、博物館等對視覺藝術學習的潛在影響，並提出在社區中整合藝術教育的策略。

（一）利用當地社區藝術中心或藝術工作坊，提供額外的學習場所。

（二）與社區合作，建立藝術教育計畫，讓幼兒參與藝術活動。

四、藝術博物館或畫廊：資源融入、活化教學

（一）安排參觀當地藝術博物館、畫廊或藝術展覽場地，讓幼兒近距離欣賞藝術作品，並獲得靈感。

（二）邀請專業藝術家或館方工作人員進行導覽和講解，以幫助幼兒更深入地理解藝術。

在選擇場域時，需要考慮幼兒的年齡、學習目標和安全性。不同場域可以爲幼兒提供多樣化的學習體驗，激發他們的藝術創造力和表現能力。

第三節 核心關鍵

創造力是幼兒在藝術表現中的核心，涵蓋創造性、自我表現和藝術欣賞。美國心理學者 Guildford 認爲，創造力是一種基本的認知能力，與擴散思考密切相關。擴散思考包含流暢性、變通性和獨創性，這些特質能有效促進幼兒在藝術中的多元表現和個性化發展（毛連塭等，2000）。擴散思考法強調啟發兒童的創造性思維，透過提供多元問題和解決方案，激發他們跳脫傳統思維框架。創造力引導的教學方法，不僅促進豐富的藝術創作，更能深入洞察兒童的內在世界，促進心靈成長。創造思考有助於自我認識和心靈層面的發展，爲兒童提供更全面的藝術體驗，提升解決眞實情

境中問題的能力（周敬模，2023）。因此，創造力作為幼兒藝術表現的核心，具體體現為創造性、自我表現和藝術欣賞三個方面，在視覺藝術教育中相當重要。

(一) 啟發兒童視覺藝術的創造性

透過深入剖析創造性的多層次本質，啟發幼兒在藝術表現中發揮獨特創意，並鼓勵探索不同表現方式，培育其獨創性。

(二) 探索兒童視覺藝術的自我表現

深入探討核心價值，強調幼兒在藝術中展現個性與情感，建立自我身分認識，並透過多元表現活動培養表達能力和獨特價值，促進全面發展。

(三) 表現兒童視覺藝術的藝術欣賞

深入探討幼兒藝術欣賞的多元要素，包括審美觀、品味和文化意識。杜威指出，改變環境能有效影響個人行為，這在幼兒園教學中特別重要。透過設置情境學習環境，我們潛移默化地引導幼兒主動探索和嘗試，有助於學習的遷移（梁佳蓁，2015）。我們致力於創建豐富且啟發性的藝術環境，透過生動的藝術活動，拓展幼兒的藝術視野，提升對不同風格和文化的敏感度，並激發他們對藝術的熱愛和探索。

幼兒藝術中的創造力至關重要，包括創意、表達和欣賞，透過豐富的創意機會培養其獨特能力，促進全面發展和自信心。

第四節　打造繽紛舞台

在藝術教育中，我們創造豐富的學習環境，重視幼兒的藝術表現和成長，鼓勵創造力和自信。透過多樣的藝術活動和社區連結，激發幼兒的創意思維，豐富他們的學習體驗，促進藝術理解和欣賞能力的發展（圖1-3）。

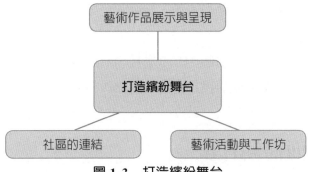

圖 1-3　打造繽紛舞台

一、藝術作品展示與呈現

　　設立一個繽紛多彩的舞台，以展示和呈現幼兒的藝術作品。可以包括展覽、表演，或其他形式的藝術呈現，強調如何將幼兒的創作帶入公眾視野，讓他們的努力得到認可。

二、藝術活動與工作坊

　　設計多元的藝術活動和工作坊，讓幼兒參與其中。包括不同主題的活動，使用不同材料和技巧，目的在啟發幼兒的創造力，並擴展他們的藝術表現。

三、社區的連結

　　幼兒的藝術教育與社區連結，可能包括與當地藝術機構、博物館，或其他社區組織的合作。這種連結可以提供更廣泛的學習機會，並鼓勵社區參與和支持幼兒的藝術發展。

(一) 藝術教育政策面向

　　藝術教育，應有相應政策，鼓勵學校將藝術納入課程體系。學校普遍設有藝術課程，並有相應的師資培育計畫。

(二) 學校藝術節活動

　　許多學校舉辦藝術節，提供幼兒展現才華的平台。這些活動包括藝術

作品展覽、音樂演奏、舞蹈表演等，鼓勵幼兒參與各種藝術創作。

(三) 社區藝術活動

在社區層面，一些藝術機構和學校合作，舉辦各類藝術活動如畫展、工作坊等，增進社區居民對藝術的認識與參與。

第五節　面面觀什麼

深入探討幼兒視覺藝術教育的要素，包括美感教育、均衡發展和探索體驗。美感教育啟發創造力，均衡發展多樣藝術形式，探索體驗強化觀察與批判思維。目的在建構支持幼兒全面發展的藝術教育框架。

一、美感教育：啟發創造力的關鍵

透過藝術的探索，啟發幼兒創造力，塑造獨立思考和情感表達能力，促進整體發展。

(一) 藝術體驗設計

發展以藝術探索為基礎的教學計畫，包括視覺、聽覺、觸覺等感官元素，以啟發幼兒對美的敏感度。

(二) 創意表達活動

提供空間和資源，鼓勵幼兒自主創作，培育他們獨特的藝術理解和表達。

(三) 開放性討論和分享

建立支持思考和情感表達的環境，透過討論藝術體驗培養幼兒獨立思考。

(四) 鼓勵自主創作

提供空間和資源，鼓勵幼兒自主創作，培育他們獨特的藝術理解和表達。

㈤ **跨學科整合**

教學者整合藝術教育與其他學科，例如數學、科學，促進全面發展。

二、均衡發展：影響力的關鍵要素

探討幼兒藝術教育中均衡發展的重要性，設計多元藝術形式的教學活動，確保幼兒全面發展，包括視覺藝術、音樂、舞蹈，並整合跨學科內容促進成長。

三、探索體驗：認知覺察環境的啟發

藝術探索體驗促進幼兒對環境的認知和覺察，透過參與和感官互動培養觀察力和批判性思維。

㈠ **感官互動活動**

設計涉及視覺、聽覺、觸覺等感官的藝術活動，以促進實際參與和感官互動，豐富幼兒的感知體驗。

㈡ **主題式實地參訪**

安排實地參訪藝術展覽、博物館或自然環境，提供實際觀察和體驗的機會，激發幼兒對周遭環境的認知。

㈢ **藝術作品分享與討論**

鼓勵幼兒分享自己的藝術作品並參與同儕間的討論，培養他們的批判性思維和表達能力。

㈣ **創意遊戲和角色扮演**

安排創意遊戲和角色扮演，讓幼兒探索不同情境，激發好奇心和探索欲望。

㈤ **敏感性訓練**

進行感官教育訓練，以提高幼兒的敏感性，使他們能夠更深入地觀察和感知藝術元素和環境

　　在第五節中，深入探究美感教育、均衡發展和藝術探索體驗對幼兒藝術教育的重要性。透過操作型定義的實踐指南，有效實現這些理念，提供豐富的藝術體驗，激發創造力和情感表達，確保全方位成長。

本章討論問題

1. 幼兒視覺藝術課程的核心目標是什麼？請簡要描述這個目標以及在基礎課程中如何實現？

2. 如何在幼兒視覺藝術課程中有效地融合自發性、互動性和共好的核心價值來促進創造力？結合相關教育理論討論其重要性與實施策略（試從核心價值分析／創造力發展實施策略）具體說明。

3. 創造力在幼兒視覺藝術教育中的核心作用是什麼？如何透過藝術教育培養幼兒的創造性、自我表現和藝術欣賞能力？（創造力的核心作用、自我表現與藝術欣賞、實踐策略）

第二章

幼兒視覺藝術之論述與定錨

第一節　幼兒視覺藝術之理論基礎

第二節　幼兒視覺藝術之內涵與實踐

第三節　線條在跳舞

幼兒視覺藝術之論述與定錨

第四節　形狀在視覺藝術活動的表現

第五節　教育實踐中的挑戰與機遇

本章討論問題

　　《幼兒園教保活動課程大綱》在美感領域中明確載明「視覺藝術」以美術或工藝造型來展現個人情感與想像創造的藝術表現（教育部，2017）。本章所指視覺藝術活動是指幼兒園教學者以視覺藝術元素中線條、形狀為主軸發展的課程活動，進而培育幼兒美感為核心價值之論述。

　　幼兒偏愛使用視覺元素如顏色、線條和形狀進行創作，這不僅反映他們對世界的探索和理解，也透過多元藝術媒介促進了手眼協調、創造力和自我發展。美感領域，包括「探索與覺察」、「表現與創作」及「回應與賞析」三項能力的培養（教育部，2017）。「探索與覺察」強調透過感官的運用，培養幼兒對周遭環境的敏感度，促使他們深入探索事物的細節；「表現與創作」則注重激發幼兒的創造力，透過多樣藝術媒材鼓勵自由表達，增強創作自信；「回應與賞析」強調提升幼兒對藝術作品的觀察和欣賞能力，透過思考和分享看法來培養審美素養和批判性思考。

● 本章學習目標

1. 涵育美感素養，透過操作實踐體驗美。
2. 開展線條與形狀，創新藝術活動。
3. 面對挑戰，主動積極從實踐中轉化力與美。

第一節 幼兒視覺藝術之理論基礎

　　本章深入探索幼兒視覺藝術在發展中的角色，分析其對幼兒感知、創造力和表達的影響，強調參與視覺藝術活動對認知和環境理解的重要性。

　　幼兒視覺藝術教育基於感知與表達、發展階段特徵及創造力培養，透過視覺媒材表達環境觀點，提供適合年齡的教學內容，重視文化尊重與多元風格探索，整合遊戲與學習。

一、幼兒視覺藝術之理論基礎

　　在幼兒視覺藝術活動中，感知與表達至關重要。行為學派強調視覺刺激感知，認知發展理論關注思考過程，創造力理論突顯藝術對想像力的激發，多元智能理論強調視覺空間智能的發展，鷹架理論則關注藝術遊戲對社交與認知的整合作用（表 2-1）。

表 2-1　幼兒視覺藝術之理論基礎

學理基礎	代表人物	相關論述	應用實例
行為學派	桑代克 （Thorndike）	關注幼兒的感知與表達能力，運用行為學派的學習三定律以及學習遷移論，在視覺藝術活動中培養幼兒的技能和應用能力。	• 視覺辨識遊戲 • 提供各種藝術媒材
認知發展理論	布魯納 （Bruner）	幼兒的思考和理解的發展，在視覺藝術領域中，探討幼兒理解和回應視覺刺激。	• 設計具挑戰性的藝術任務 • 提供符合幼兒發展階段的視覺刺激
創造力理論	陶倫斯 （Torrance）	視覺藝術中培養幼兒的創造性思維和想像力。 創造力大致包含五種不同類別的能力：敏覺力、流暢力、變通力、獨創力及精進力。	• 連續性圖畫創作 • 大壁畫集體創作 • 藝術學習角 • 繪畫創作 • 立體圖形藝術創作 • 拓展式思考法
多元智能論	加德納 （Gardner）	每個幼兒都有多種智能的潛能，包括視覺空間智能等，視覺藝術活動可促進多元智能的發展。	• 閱讀繪本故事 • 創作立體造型 • 音樂律動遊戲 • 團體活動 • 戶外探索
鷹架理論	維高斯基 （Vygotsky）	學習的目的在建構自我新的能力，建構垂直與水平鷹架，引導與近側啟發。	• 故事繪畫 • 立體紙藝團體創作 • 繪畫引導
認知理論（繪畫）	皮亞傑	人類自出生至青少年期的認知發展劃分成四個階段，這四個階段劃分的是依據生物的成熟個體認知結構。	• 感覺動作：大壁報 • 運思前期：探索體驗 • 具體運思：實踐應用 • 形式運思：素描

本章節強調教學引導者在幼兒視覺藝術中的關鍵角色,透過激發性活動和適度指導促進全面發展,強調創造力理論和發展心理學的指導。

二、視覺藝術的發展歷程

幼兒視覺藝術教育演變自 19 世紀初技術訓練到 20 世紀初創造力強調,20 世紀中葉後發展心理學影響,重視個體發展及思維與認知發展。21 世紀注重多元媒材、創新能力及全球視野,反映多元文化和科技影響,促進社會情感發展(表 2-2)。

表 2-2　視覺藝術的發展歷程

時期／教育觀點	幼兒視覺藝術的歷史演變	教育觀點對視覺藝術教育的影響
早期教育理念 19 世紀初	藝術教育以模仿和技術訓練為主,注重技能的傳授。	強調技術熟練和精確模仿,幼兒主要學習基本繪畫和雕塑技術。
進步主義時代 20 世紀初	進步主義教育強調創造力和自我表達的重要性。	受到杜威進步主義的影響,視覺藝術教育鼓勵自由創作和自我探索,注重個體表達。
現代教育理論 20 世紀中葉後	受發展心理學影響,視覺藝術教育更注重幼兒的發展階段和個體差異。	基於皮亞傑和維高斯基的理論,活動設計更符合幼兒的認知發展階段,注重個體化學習和支持思維發展。
當代視覺藝術教育 21 世紀	融合數位技術和全球文化,強調多元媒材、跨文化視野、創新能力和社會情感發展。	反映現代多元文化和科技影響,教育內容更豐富,注重全球視野和創新能力的培養,並強調社會情感學習。

三、教育理論觀點

心理學家的理論對幼兒視覺藝術的發展具有深遠影響。皮亞傑的認知發展理論強調幼兒透過主動探索與互動建構知識,在視覺藝術教育中,創造豐富的學習環境促進創造性探索和表達。維高斯基的社會文化理論則強調社會互動和文化工具在學習中的關鍵作用。

四、幼兒視覺藝術的核心價值

視覺藝術對幼兒的教育和發展所帶來的重要價值，包括在認知、情感、社會及文化方面的影響，並強調視覺藝術在全面發展中的重要性。

(一) 認知與創造性發展

視覺藝術活動不僅促進幼兒的問題解決能力、觀察力和注意力，還有效提升其思維能力和創造力。

(二) 情感和社會價值

視覺藝術在幼兒表達和理解情感方面扮演重要角色，同時透過藝術活動培養他們的合作能力和社交技能。

(三) 文化理解與多樣性

視覺藝術作爲理解和尊重多樣性的一種途徑，透過藝術作品可以認識不同的文化背景和價值觀。

第二節 幼兒視覺藝術之內涵與實踐

幼兒視覺藝術不僅是創作，還培養自我表達、藝術技能和認知發展，包括空間感知和視覺思維。藝術創作和觀賞提升觀察力、專注力和解決問題能力，啟發對多元文化和社會價值的理解。

一、幼兒視覺藝術的內涵

幼兒視覺藝術涵蓋多重理論，對全面發展有深遠影響。美育理論強調情感、認知和社會技能培養，皮亞傑和維高斯基的理論支持藝術作爲有效促進理解和問題解決的學習途徑（圖 2-1）。

(一) 美感與創造力發展

幼兒視覺藝術透過色彩、形狀、線條等視覺元素的表達，深刻影響美感和創造力的發展，啟發培養幼兒的創造性思維和自主表達能力。

圖 2-1　幼兒視覺藝術的內涵

(二) 認知與感知能力提升

認知力與感知力係為幼兒對外在事物之理解後所表現的感受,具有真誠直觀的表述。豐富其生活素養之內涵,對其認知與感知有其提升之助益。

(三) 情感表達與社交技能培養

幼兒視覺藝術重點在於培養美感、創造力及情感表達,同時提升認知和社交技能。透過色彩、形狀和線條的活動,激發創造性思維,促進空間感知和形狀辨識,對未來學習和生活至關重要。

二、幼兒視覺藝術的實踐

在幼兒視覺藝術實踐中,教師設計多元挑戰性活動,提供多樣材料和適宜環境,並透過反思評估提升教學策略,促進創造力、認知和情感表達,同時融合故事與遊戲深化文化社會理解,豐富藝術教學。

(一) 教學策略與方法

設計和實施視覺藝術活動以適應不同年齡和發展階段的幼兒,並利用遊戲、故事和多媒體進行藝術教學的實例。

(二) 教學環境與資源

創造適合幼兒視覺藝術活動的教學環境,包括如何選擇和使用適當的藝術材料和工具。

㈢ 評估與反思

評估幼兒在視覺藝術活動中的表現和進步的方法，以及教師如何反思和改進視覺藝術教學實踐。

㈣ 教師的角色和專業發展

教師在幼兒視覺藝術教育中的指導和支持角色，以及如何透過專業發展提升教師在視覺藝術教學中的能力和知識。

綜上所述，在廣泛地探討幼兒視覺藝術教育的理論基礎、核心價值和實踐應用，為教學者提供綜合而深入的理解和分析，幫助教學者與幼兒知識螺旋正向提升。

第三節 線條在跳舞

本節旨在探索線條的基本概念、應用、設計與實施，以及教育價值和評估方法。線條在幼兒視覺藝術中不僅是描繪形態和創造圖案的基礎元素，還能引導焦點，表達情感和動感，設計適合幼兒發展階段的活動，促進他們在視覺藝術中的自由表達和能力發展。

一、線條的基本概念與特性

線條是視覺藝術中的基本構成元素之一，扮演著連接點與點、創造形狀和界定空間的重要角色。線條可以表現出多樣的特性，例如粗細、長短、方向和質地，並且這些特性賦予線條不同的視覺效果和情感表達能力。根據安海姆（Rudolf Arnheim）的視覺心理學理論，線條能夠引導觀者的視線流動，並創造動態或靜態的感覺（李長俊譯，1985）。因此，理解線條的基本特性是進行視覺藝術創作的重要前提。

二、線條在視覺藝術中的應用

線條在視覺藝術中具有多重功能和應用範疇。首先，在繪畫中，線條可以用來描繪物體的輪廓，構建結構和形態，例如素描中的輪廓線（contour lines）和結構線（structural lines）。其次，在設計中，線條常用於創造圖案、分隔區域或引導視覺焦點，例如在平面設計和織物圖案設計中的應用。此外，線條還具有象徵和表現的功能，例如使用彎曲的線條來傳達柔和與動感，或使用鋒利的直線來表現堅硬與嚴肅。這些多樣化的應用展示了線條在視覺藝術創作中的核心地位。

三、線條視覺藝術活動的設計與實施

設計與實施線條視覺藝術活動需考慮幼兒的發展階段與學習需求，使用各種材料如鉛筆、蠟筆、畫筆或數位工具，以創作不同形式的線條，透過探索、創作和展示等步驟，有效促進幼兒在視覺藝術中的自由探索與表達能力。

(一) 線條視覺藝術活動的設計

設計線條視覺藝術活動時，應考慮幼兒的發展階段與個別需求。活動策略應包括多樣化的材料和技術，例如鉛筆、蠟筆、畫筆和數位工具，促使幼兒探索不同質地和形式的線條。具體步驟包括：幼兒在線條視覺藝術活動中，透過探索和觀察不同線條特性，自由創作表達個性，並在展示和分享中增強視覺藝術能力與自信心。

(二) 線條視覺藝術活動的實施

活動設計可分為三個主要步驟，如圖 2-2。

圖 2-2　線條視覺藝術活動的設計與實施

(三) 線條視覺藝術活動的創新實踐

幼兒視覺藝術教育中，線條創新應用如數位技術和跨學科整合，豐富了活動的探索性和趣味性，激發幼兒對藝術和現代科技的興趣，同時促進其多方面的發展和環境感知。

(四) 線條視覺藝術活動中的挑戰與解決方案

實施線條視覺藝術活動的挑戰是可透過多樣材料和技術、靈活設計活動滿足不同幼兒能力，並創意運用現有和回收材料。保持幼兒注意力與興趣、確保安全環境，並與家長建立良好溝通是其成功策略。

(五) 教師在線條視覺藝術活動中的角色

在幼兒線條視覺藝術活動中，教師是引導者、觀察者和評估者，需設計創意活動並提供安全鼓勵的環境，促進幼兒全面發展。持續學習新方法和技巧是提升教育品質的關鍵。

四、線條活動的教育價值與評估方法

線條視覺藝術活動對幼兒教育至關重要，促進感知、創造力和手眼協調的發展。觀察和創作線條提高幼兒的視覺感知和注意力；活動激發創造性思維，培養表達能力；持續練習增進手眼協調和精細動作技能。形成性評估強調觀察和回饋，例如教師紀錄和自我反思；總結性評估注重最終學習成果和作品展示。

(一) 深化教育價值達共好教育願景

透過探索和比較各種線條，幼兒不僅發展空間感知和視覺辨識能力，還能激發想像力、支持創造性表達，並培養細緻觀察與分析能力。

(二) 評估方法

透過觀察幼兒在線條活動中的表現及進行問答或遊戲形式的認知評估，評估其線條使用技巧、創意表達和對不同線條特徵的理解能力。

(三) 自我評估與反思

鼓勵幼兒自我評估自己的作品，並反思其在創作過程中遇到的挑戰和

學習到的新技能。

(四) 教學策略

善用因材施教，活用多元化媒材，並促進合作與分享，以支持幼兒在線條活動中的全面發展。

這些方法有助於充分發揮線條活動在幼兒視覺藝術教育中的價值，同時有效評估幼兒在學習和發展中的成果，深入探討線條活動各層面，貼近幼兒需求，從基本概念到實際應用。

第四節 形狀在視覺藝術活動的表現

形狀在幼兒視覺藝術中是重要的設計元素，能促進想法表達和創造力探索，教學者的創意引導至關重要，避免限制幼兒的表達自由。

一、形狀在幼兒視覺藝術中的定義

形狀是指物體的外部輪廓和結構，它們是幼兒在視覺藝術活動中經常接觸的基本元素。形狀可以分為幾何形狀（如正方形、圓形、三角形等）和自然形狀（如樹葉、動物、雲朵等）。幼兒透過形狀的識別和操作，能夠發展他們的觀察能力、空間認知能力和創造力。

二、形狀視覺藝術活動的教育價值

形狀學習在幼兒教育中不僅促進數學思維和空間意識，也激發創造力和藝術創作潛能。

(一) 認知發展

形狀是幾何學的基礎，透過辨識和操作形狀，幼兒能夠增強他們的數學思維和空間意識。

(二) 創造力提升

形狀的組合和變化為幼兒提供了無限的創作可能性，激發了他們的想

像力和創造力。

(三) 觀察能力

在探索和比較不同的形狀時，幼兒能夠培養他們的觀察能力和注意細節的能力。

(四) 情感表達

形狀也可以用來表達情感和想法，透過藝術創作，幼兒能夠探索和表達他們的情感和內心世界。

形狀學習在幼兒教育中不僅提升數學和空間技能，還促進創造力、觀察能力和情感表達能力的發展，為全面教育和個人成長奠定基礎。透過形狀的認知和應用，幼兒在遊戲和學習中擴展思維邊界，培養解決問題的能力，豐富藝術創作，同時激發想像力和批判性思維的發展。

三、形狀視覺藝術活動的實踐操作

(一) 形狀拼貼畫（形體的組織力與創造力）

使用彩色紙、剪刀和膠水，教師提供各種幾何形狀的彩色紙片，讓幼兒自行選擇並創作拼貼畫，這有助於他們理解形狀特性及形狀的組合方式。發展目標為透過操作和組合形狀，幼兒能夠提高他們的空間認識和創作能力。

(二) 形狀畫框填色（培養對顏色的感知）

教師可提供畫紙、各種形狀的模板以及畫筆或彩色鉛筆，讓幼兒使用模板創造形狀輪廓，並用不同顏色填色，以促進他們的形狀識別和色彩感知，同時培養視覺區辨和手眼協調能力。

(三) 形狀堆疊遊戲（培養立體感與空間感）

使用積木或立體形狀模型，讓幼兒進行堆疊遊戲，自由創作或結構指導下，探索形狀間的相互關係和平衡，以促進他們理解形狀的三維特性，並增強問題解決能力和空間想像力。

㈣ 形狀追蹤活動（培養專注力與形體基本概念）

使用畫紙、鉛筆以及不同形狀的模具或硬紙板，教師準備基本的幾何形狀或更複雜的圖案模具，讓幼兒用鉛筆追蹤模具的輪廓後進行創作或裝飾，目的在提高幼兒的精細運動技能，同時幫助他們更好地理解形狀的邊界和構造。

四、形狀視覺藝術活動的實踐建議

活動設計應根據幼兒的年齡和發展階段選擇適當的形狀難度。應使用多樣化材料如紙張、顏料、黏土等，來激發創作興趣。在自由創作和結構化指導間取得平衡，既鼓勵自我表達又提供探索形狀特性的支持。此外，應鼓勵幼兒在活動中合作互動，提升社交和創作技能。

㈠ 因材施教

根據幼兒的年齡和發展階段，選擇適合的形狀活動。例如年齡較小的幼兒可以從簡單的幾何形狀開始，而年齡較大的幼兒可以嘗試更複雜的形狀組合。

㈡ 多樣化的材料

使用各種不同的材料和工具（如紙張、顏料、黏土等）來激發幼兒的創作興趣和潛力。

㈢ 自由與結構的平衡

在活動中，既要給予幼兒自由創作的空間，也要提供一定的指導和結構，幫助他們理解和探索形狀的特性。

㈣ 鼓勵合作

鼓勵幼兒在形狀活動中進行合作和互動，這不僅能夠促進他們的社交技能，還可以讓他們從中學到更多的創作技巧和想法。

形狀視覺藝術活動對幼兒的整體發展影響深遠，適合的形狀活動能提升幼兒的空間認知和創造力，使用紙張、顏料和黏土等多樣化材料可激發創作興趣。平衡自由創作與結構化指導有助於幼兒自我表達和形狀理解，

同時鼓勵合作與互動可增強社交技能、拓展創作視野。

第五節 教育實踐中的挑戰與機遇

　　教育實踐中的挑戰與機遇集中在幼兒視覺藝術教育的多元性和包容性，以及科技對這些領域的影響。重點在於個別化教學策略、跨文化教育的重要性，以及科技應用如數位繪本和跨學科融合，這些策略促進幼兒藝術參與和全面發展。

一、多元性和包容性的挑戰

　　探討在實踐中可能面臨的多元性和包容性挑戰，包括如何應對不同幼兒的藝術需求、文化差異對教學的影響，以及如何打破性別和社會經濟差異對藝術教育的限制。

(一) 不同幼兒的藝術需求

　　引導者需因材施教，透過個別化教學計畫，了解每位幼兒的藝術喜好和強項，提供多元化的教學方法和媒材。

(二) 文化差異對教學的影響

　　幼兒來自不同文化背景，對特定主題或風格的藝術作品理解和詮釋有所不同，因此導師應融入跨文化元素，促進幼兒對多元藝術觀點的理解和尊重。

(三) 性別差異對藝術教育的限制

　　某些藝術領域被認為屬於特定性別，可能限制幼兒接觸特定媒材或主題。為解決此問題，我們應打破性別刻板印象，提供男女幼兒平等參與各種藝術活動的機會，鼓勵他們自由發揮創意。

(四) 社會經濟差異對藝術教育的限制

　　經濟不平等可能限制幼兒取得藝術材料或參與活動。解決方法包括提供經濟支援或資源共享，確保所有幼兒平等享受藝術教育機會，並鼓勵使

用較易取得或回收的材料，供給他們創作的需求，滿足創作的喜悅和夢想的實踐。

(五) 特殊需求幼兒的藝術學習

特殊需求幼兒在藝術活動中可能需要額外支援。建議提供輔助技術、專業支持或調整教材，以滿足他們的學習需求，並創造包容友善的學習環境。除了符應法規之規定，更應秉持藝術教育之積極性差別待遇。

二、科技與數位藝術的整合

分析科技發展對視覺藝術教育的影響，討論教學者在整合數位藝術、虛擬現實等現代科技於課程中，以提升幼兒的藝術體驗，並面臨由此帶來的教學挑戰。

(一) 虛擬藝術工作室體驗

提供幼兒虛擬藝術工作室的體驗，透過虛擬現實（VR）技術，讓幼兒進入一個沒有實際限制的藝術創作環境。這能夠擴展幼兒的感知空間，讓他們在虛擬世界中進行繪畫、造型等藝術活動，體驗數位藝術的樂趣。

(二) 數位藝術繪本創作

引入數位繪本創作活動，讓幼兒透過平板電腦或數位繪圖板進行創作，提供新的媒材體驗並促進科技藝術的興趣。教學者引導幼兒使用繪本軟體，結合音效和動畫元素，增強作品的生動性和趣味性。未來隨著操作介面和行動載具的進步，預計數位繪本創作將更加便利，帶來更豐富多樣的作品呈現。

(三) 教學策略的創新

探討新穎的教學策略和方法，例如採用探究性學習、跨學科融合、合作性學習等，以應對日益變化的學習環境和幼兒需求，並提供創新的藝術教育方案。

1. 跨學科融合的藝術專題：設計跨學科的藝術專題活動，將視覺藝術元素結合科學、語文、數學等學科知識。例如透過製作科學實驗器材的藝

術創作，幼兒既可以了解科學原理，又能透過視覺藝術方式呈現，拓展學科間的整合性思維。

2. 合作性學習的藝術項目：透過小組合作性學習的方式進行藝術創作項目，讓幼兒在團隊中分享意見、互相協助，共同完成一個複雜的藝術作品。這不僅培養了團隊合作的能力，也拓展了幼兒對不同藝術領域的認識。

本章探討了幼兒視覺藝術教育中的多元性和包容性挑戰，並提出了個別化教學、跨文化教育和性別平等策略以應對不同幼兒需求及文化差異。同時，文章分析了科技對教育的影響，包括虛擬藝術工作室和數位繪本創作；以及跨學科融合和合作學習被視為有效應對現代學習需求的創新教學方法。總結來說，本章提供了教學者全面的指南，以增強幼兒在視覺藝術教育中的全面發展。

本章討論問題

1. 請說明「幼兒視覺藝術活動」對於培養幼兒感性基礎、創造力，以及提高其審美素養和批判性思考的重要性。探討在這過程中，「探索與覺察」、「表現與創作」和「回應與賞析」三項能力如何相互作用，綜合促進幼兒在美感領域的全方位成長。

2. 探索幼兒在生活中對視覺印象的喜愛及其對自我、生活、發展和學習的影響。就美感領域包括「探索與覺察」、「表現與創作」以及「回應與賞析」三大能力方面如何引導？

3. 請簡述幼兒視覺藝術的核心價值，探討視覺藝術對幼兒在認知、情感、社會及文化方面的影響，以及其在全面發展中的重要性。

第三章

幼兒視覺藝術之課程目標

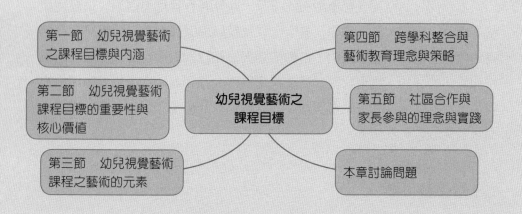

第一節　幼兒視覺藝術之課程目標與內涵

第二節　幼兒視覺藝術課程目標的重要性與核心價值

第三節　幼兒視覺藝術課程之藝術的元素

幼兒視覺藝術之課程目標

第四節　跨學科整合與藝術教育理念與策略

第五節　社區合作與家長參與的理念與實踐

本章討論問題

　　幼兒視覺藝術課程的目標是為了啟發幼兒的多元天賦，引導他們在美的世界中探索、學習和成長。透過豐富的藝術體驗，培養幼兒的創造力、敏銳的感知能力，以及表達自我的技巧。更透過溝通和共享的平台，讓他們學會如何用色彩和形狀述說自己的內心世界，建立自信，並尊重他人的獨特之處。

　　幼兒不僅學會了技能，更加深了對不同文化的理解和尊重，塑造了自己的身分認同，為未來的成長奠定堅實的基礎。「美感教育中長程計畫」（113-117）在課程實踐方面，致力於精煉美感課程，採納多元教學方式，並擴展美感學習活動的範圍，同時建立跨界鏈結與擴散機制，以提升教育品質，培育出更具創意和美感的未來人才。

　　本章探討幼兒視覺藝術課程的設計，包括課程目標與內涵、重要性與核心價值、實踐策略、跨學科整合，以及社區與家長參與。課程目的在培養幼兒的創造力和感知技能，推動情感表達和認知發展。透過多元教學策略和適切的評估，實現課程目標。跨學科整合強調藝術在多學科學習中的角色，而社區合作和家長參與則共同支持幼兒的藝術學習和成長，構建全面且多元的教育框架。

●本章學習目標

1. 透過多元藝術活動培養幼兒的創造力與審美感知。
2. 引導幼兒透過藝術表達情感。
3. 透過多元文化藝術培養幼兒尊重差異、悅納自己。

第一節　幼兒視覺藝術之課程目標與內涵

　　幼兒視覺藝術課程目標在全面促進創造力、感知、情感表達、溝通、細緻動作技能和文化認同的發展。現代課程趨向將藝術與 STEAM 科學、技術、工程、藝術和數學結合，引入新媒體和科技如虛擬現實和互動

裝置，擴展幼兒的創意思維。課程強調環境教育和可持續發展，透過藝術培養幼兒對自然和社會的關懷。同時，藝術促進幼兒自由表達想像力，提升感知能力，並透過情感表達和社交技能培養語言表達能力，重視細緻動作技能的發展同時促進整體發展。

一、幼兒視覺藝術之課程目標

(一) 培養創造力

幼兒視覺藝術課程旨在透過繪畫、雕塑和多媒體等活動，鼓勵幼兒自由表達想像力，並發展其獨特的美感和視覺表達能力，從而豐富其藝術體驗並促進解決問題和創新思維的發展。

(二) 促進感知能力

藝術活動能提升幼兒的感知能力，包括視覺、觸覺等感官的訓練，從而增強他們對周圍環境的敏感度和理解能力，進而深入認識和體驗世界。

(三) 促進情感表達

幼兒透過藝術作品表達情感、經歷和內心世界，對於情感的認知和管理具有重要意義，同時也促進了自我認知和情感發展。

(四) 發展溝通能力

藝術課程鼓勵幼兒分享和討論創作，促進語言表達能力、社交技能和合作精神，同時學習尊重和欣賞他人觀點，從而提升自我表達能力。

(五) 發展細緻動作技能

藝術活動如握筆、剪紙和操作工具等，促進了幼兒手眼協調能力的發展，對於日常生活和學術學習至關重要，並對整體發展產生了長遠的積極影響。

幼兒視覺藝術課程透過多樣化的創作活動培養創造力，促進情感認知和社交技能，同時增強幼兒的感官訓練和環境敏感度。

二、幼兒視覺藝術之內涵

幼兒視覺藝術豐富多元，首先透過繪畫、雕塑等活動培養自由表達和想像力，並透過色彩、形狀展現視覺美感和獨特觀點。藝術作品不僅表達情感和個人經歷，也是幼兒與他人溝通和分享的方式，培養尊重和理解。同時，這些活動強化握筆、剪紙等細緻動作技能，全面促進幼兒情感、認知和技能的發展。

(一) 藝術創作的自由表達和想像力的發展

幼兒視覺藝術課程透過多種媒材如繪畫、雕塑和多媒體等活動，鼓勵幼兒自由表達和探索。這些活動不僅豐富了他們的藝術體驗，還促進了解決問題和創新思維能力的發展。

(二) 藝術作品中的視覺美感和形式表達

幼兒的藝術作品透過色彩、線條和形狀展現了他們對視覺美感和形式表達的理解。作品反映了幼兒對周圍世界的感知和情感，展示了他們獨特的美學觀點和對美的理解，是他們藝術創作過程中的重要成果。

(三) 情感在藝術作品中的表達和認知

藝術作品是幼兒表達情感、經歷和內心世界的重要媒介，促進他們探索和表達各種情感如喜悅、悲傷、恐懼或驚奇，並有助於情感認知、管理和社交互動的發展。

(四) 藉由藝術作品與他人溝通和分享

藝術作品不僅是個人創作的成果，也是與他人溝通和分享的橋梁。透過展示和討論自己的作品，幼兒學會尊重和欣賞他人的觀點，同時提升了自我表達和社交技能。這種交流和互動不僅豐富了幼兒的藝術經驗，還促進了他們的語言發展和溝通能力的提升。

(五) 手部技能的訓練和細緻動作的培養

幼兒視覺藝術課程強調手部技能和精細動作的培養，例如握筆、剪紙、雕塑等，提升精細運動技能和手眼協調，並豐富藝術體驗，促進創新思維。作品透過色彩、線條和形狀表達幼兒的感知和情感，並強調作品分享與討論，培養語言表達和社交技能。

三、培養幼兒視覺藝術 —— 五力

幼兒視覺藝術課程旨在全面促進幼兒的發展，啟發創造力並以獨特方式表達想法和情感，同時提升視覺感知和觀察能力，培養使用視覺元素的能力。藝術活動促進手眼協調和精細動作技能如握筆和剪紙，同時幫助幼兒建立自信，強化表達能力。課程還培養美感和藝術欣賞能力，幫助幼兒深入理解藝術在生活中的意義和價值（圖 3-1）。

圖 3-1　幼兒視覺藝術課程構面

(一) 培養想像力

幼兒視覺藝術課程旨在啟發幼兒的創意潛能，培養他們的想像力，並鼓勵他們以獨特的方式表達自己的想法和情感。

(二) 發展觀察力

透過觀察、探索和實踐，幼兒能夠發展視覺感知和觀察能力，認識各種視覺元素如線條、形狀、顏色和紋理等，並學會將它們運用到創作中。

(三) 促進協調力

幼兒視覺藝術課程也有助於促進幼兒的手眼協調能力和精細動作技能，例如握筆、剪紙、塗鴉等，這些活動有助於幼兒的整體發展。

(四) **建立表達力**

透過參與視覺藝術活動，幼兒能夠建立自信心，並學會以多種方式表達自己的情感和想法，從而增強自我表達能力。

(五) **培養美感實踐力**

幼兒視覺藝術課程也旨在培養幼兒的美感和藝術欣賞能力，讓他們能夠欣賞不同形式的藝術作品，並理解藝術對生活的意義和價值。

第二節 幼兒視覺藝術課程目標的重要性與核心價值

一、課程目標的重要性

幼兒視覺藝術課程旨在培養創造力、感知能力、情感表達和溝通技巧，透過具體的藝術創作活動促進幼兒的全面發展，同時提升其藝術表現能力和理解力，建立自信和身分認同感，並鼓勵尊重多元觀點。

(一) **全面發展**

幼兒視覺藝術課程有助於促進幼兒在各個方面的發展，包括認知、情感、社交和身體發展等。

(二) **創造力培養**

藝術活動能夠激發幼兒的創造力和想像力，培養他們對事物的獨特見解和解決問題的能力。

(三) **情感表達**

幼兒透過藝術作品表達內心情感，進而促進情感的理解和表達能力的發展，有助於建立健康的情感生活。

(四) **感知能力提升**

藝術活動培養幼兒的觀察和感知能力，加深對世界的認知，提升對細節的敏感度。

（五）身心平衡

藝術活動有助於幼兒放鬆身心，減輕壓力，建立積極的情緒狀態，促進身心健康的發展。

幼兒視覺藝術課程透過培養創造力、感知能力、情感表達和溝通技巧，促進幼兒全面發展，並透過藝術活動深化對多元觀點的尊重和藝術的認知與欣賞，豐富學習體驗，支持身心健康和整體發展。

二、確保核心價值

幼兒視覺藝術課程的核心價值在於全面促進幼兒的心智、情感和身體上的均衡發展。透過藝術活動，幼兒自主表達想法和情感，培養自主學習和表達能力，同時放鬆身心，增強專注力，促進健康成長。藝術作品讓幼兒學習處理和平衡各種情緒反應，並建立正確的價值觀和生活態度。

這些價值觀在日常生活中維持心理平衡，使幼兒更積極、自信和開放，成為獨立個體（圖 3-2）。

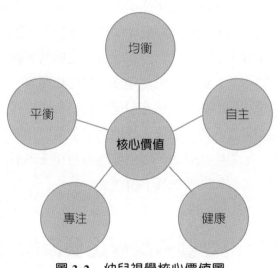

圖 3-2 幼兒視覺核心價值圖

(一) 均衡 —— 內外均衡

幼兒視覺藝術課程強調在藝術活動中培養幼兒的各方面能力，包括創造力、感知能力、情感表達等，以達到心智、情感和身體上的均衡發展。

(二) 自主 —— 學習自主

透過提供各種藝術材料和主題，幼兒被鼓勵自主選擇和表達他們的想法和感受，這有助於培養幼兒的自主學習和表達能力。

(三) 健康 —— 身心健康

參與視覺藝術活動有助於幼兒放鬆身心，減輕壓力，提升情緒穩定性，進而促進身心健康的發展。

(四) 專注 —— 學習專注

在藝術創作過程中，幼兒需要投入大量時間和精力，從而培養專注力和耐心，進一步促進自我成長和學習。

(五) 平衡 —— 情緒平和

透過藝術活動，幼兒得以表達各種情感和想法，從喜怒哀樂到驚喜和疑惑等，藉此學會了如何處理和平衡情緒反應。同時，藝術作品也提供了反思和探索的空間，幫助幼兒建立正確的價值觀和生活態度。透過創作和欣賞，他們學會了尊重、包容、合作和欣賞，這些價值觀在日常生活中有助於維持心理上的平衡，讓他們更加積極、自信和開放。

幼兒視覺藝術課程的核心價值在於促進幼兒全面發展，透過藝術活動培養心智、情感和身體的均衡發展，讓他們自主選擇和表達，鼓勵尊重自身感受，放鬆身心，集中注意力，促進健康成長和正確價值觀，維持心理平衡，培養積極、自信和開放的獨立個體。

第三節 幼兒視覺藝術課程之藝術的元素

藝術元素如線條、形狀、色彩、質地、空間、形式和價值，構成了作品的結構和美感。線條勾勒形狀和輪廓，色彩傳達情感和意義，質地影

響觸感和外觀，空間創造立體感和深度，形式表現物體的形狀和結構。藝術透過各種技巧表達創作者的情感和思想，並引發觀者情感共鳴或思考。因此，「思想」、「情感」與「技巧」，即為構成藝術特質的最重要條件（陳瓊花，1995）。藝術是透過各種手法和技巧表達創作者內在思想和情感的有意義活動或作品。

顏色在藝術中極為重要，可分為主要色彩（紅、黃、藍）、次要色彩（橙、綠、紫）和中性色彩（黑、白、灰），這些特性包括色相、明度和飽和度，影響其視覺效果和情感表達。設計「感知色彩世界」等活動，提供各種色彩材料讓幼兒自由探索和創作，透過觀察自然界的色彩如花草樹木、天空、水面等，幼兒能夠表達情感和想法，同時培養創造力、想像力和表達能力，促進全面發展。

一、藝術的元素

形狀、色彩、質地和明暗等元素在藝術作品中扮演重要角色，共同構成作品的視覺結構。透過豐富的視覺經驗，人們能深入理解作品的外觀、結構和情感表達，並從中獲得情感和思想上的啟發，這些能力使觀者更全面地欣賞和詮釋藝術作品的意義和價值。

(一) 形

是指視覺上物體存在的空間範圍，它在圖形上被稱為「形象」或「形狀」，在實際物體上則被稱為「形體」或「形態」。形的基本構成包括點、線、面。點是線的基本構成元素，而線則是面的起源，因此任何形狀都可以被視為是「點」、「線」、「面」的集合。

(二) 點

就像是你在畫紙上用筆尖畫出的小小標記一樣，它只有位置，沒有大小或形狀。想像一下，當兩條線條相交時，它們的交叉處就像是一個小小的點。就像你畫圖時用的小細點，它可以幫助我們集中注意力，甚至畫出很多有趣的圖案和形狀。所以，即使點看起來很小，它們也是很重要。

(三) **線**

　　關於線條在前章有初步介紹，本章探討線條的特性與表現方式。線能以直或彎曲形式呈現，例如水平、垂直、折線、斜線、拋物線、波紋線和螺旋線等，並透過粗細和輕重來影響視覺效果，表達出多樣的情感和感受，不僅是畫畫的基本元素，也是情感表達的重要方式（表 3-1）。

表 3-1　認識線條

線條	類型	特質	對應之表現
直線	水平線	寬廣、寧靜	寂靜、消極
	垂直線	力量、單純	緊張、可變
	斜線	活潑、速度	刺激、方向
	折線	起伏、動態	不安、焦慮
曲線	S 形	優雅、高貴	流暢、柔和
	C 形	華麗、柔軟	簡要、清晰
	漩渦	壯麗、渾沌	螺旋
	自由（順）	情感、韻律	不安、自由
	自由（亂）	情感、奔放	混亂不明
	輕	纖細、柔弱	輕巧、瀟灑
	重	重拖、濃厚	厚實、力量
	粗	寬版	力強
	細	纖細、輕巧	尖銳、敏銳

(四) **顏色的分類與自然特性**

　　透過多元的教學方法，我們可以啟發幼兒對顏色的興趣和認知，例如使用彩色積木、圖書和彩色繪畫，並透過遊戲、歌曲和日常生活中的互動來引導他們認識不同的顏色，促進他們的全面發展。

(五) **形式的構成原理**

　　是指建構物體、建築、藝術作品或設計的基本原則和方法。這些原理有助於組織和結構化創作，使其具有統一、平衡和美感。

1. **形式構成的基本原則**：藝術作品的成功與否取決於多種視覺元素的運用與組合，包括平衡、調和、對稱、對比、比例、韻律、反覆、漸層、統一和明晰，這些原則共同影響作品的視覺效果和質感，使觀者能深入欣賞和理解藝術的意義與價值。
2. **啟發與應用**：幼兒教育的核心價值在於創建一個尊重與包容的環境，尊重每個幼兒的獨特性與個人差異，同時提供溫馨、安全的學習場所，建立穩固的情感連結，鼓勵學習和發展，激發好奇心和探索精神，促進全面能力的培養，並透過合作活動和豐富的藝術、音樂、文學活動教導幼兒尊重、合作及解決衝突的能力，建立健康積極的學習環境。

第四節 跨學科整合與藝術教育理念與策略

　　跨學科藝術教育以藝術為核心，融入語言、數學和科學等領域，鼓勵幼兒多元學習。評估著重於跨學科轉移能力，挑戰包括政策整合和資源配置，未來需推動創新技術應用和跨領域研究，提升幼兒學習動機與成效。

一、理念的整合

　　跨學科的整合意即將藝術教育融入跨學科學習的整體理念，強調藝術促進且融入多元智能的發展，使幼兒能在真實情境中用得出來的能力。因此，教學者的引導及策略更顯重要。

(一) 理念整合的模式

1. **確立核心價值和目標**：明確的跨學科藝術教育的目標，強調如何促進幼兒多元智能的發展和學科間的互動。
2. **設計課程架構**：發展整合藝術與其他學科的課程框架，包括課程目標、內容設計和教學策略的制定。
3. **教學方法與策略**：探索適合的教學方法，例如問題導向學習、合作學習、實驗和探索等，以促進幼兒的跨學科學習和藝術表達。

4. **學習資源和工具**：準備適當的學習資源和工具，包括藝術材料、科學設備、歷史文獻等，以支持幼兒在多學科學習中的應用和實踐。

（二）**實施步驟**

1. **需求評估與計畫制定**：分析幼兒和學校的需求，制定整合藝術教育的具體計畫和策略。

2. **教學實施與課程執行**：實施設計好的跨學科藝術教育課程，運用先進的教學技術和方法進行教學。

3. **持續評估與回饋**：定期評估幼兒學習成果和跨學科轉移能力，蒐集回饋意見並作出調整以改進教學效果。

4. **跨學科合作與專業發展**：鼓勵跨學科教師之間的合作，促進專業發展和經驗分享，不斷提升教學水準和創新能力。

（三）**流程方向**

　　藝術教育整合跨學科教學架構，促進幼兒多元智能的全面發展。強調設計深具整合性和教學深度的課程，鼓勵幼兒在藝術創作和學科學習中實踐所學，以提升其創造力和學習成效（圖 3-3）。

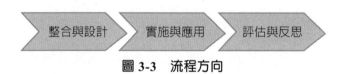

整合與設計　　實施與應用　　評估與反思

圖 3-3　流程方向

1. **整合與設計**：從理念確立到課程設計的階段，重點在於如何整合藝術與其他學科，並設計出有利於幼兒全面發展的教學架構。在理念確立階段，著重於將藝術教育與其他學科有機整合，並設計出支持幼兒全面發展的教學架構。這包括如何結合藝術元素和其他學科內容，以促進幼兒的多元智能和跨領域學習。

2. **實施與應用**：將設計好的教學策略和課程內容實施到教學實踐中，鼓勵幼兒主動參與學習，並在實際操作中應用所學。在教學實踐中，著眼於實施精心設計的教學策略和課程內容，鼓勵幼兒積極參與學習並將

所學應用於實際情境。這個階段強調幼兒的主動學習和創造性表達，進一步強化他們的藝術技能和思維能力。

3. 評估與反思：定期進行學習成效的評估，從中獲得回饋並改進教學策略，以確保教育目標的實現和幼兒學習效果的提升。透過定期的學習成效評估，獲得寶貴的回饋並根據結果調整教學策略，以確保教育目標的達成和幼兒學習效果的最大化。這個過程不僅關注學術成就，還包括幼兒對藝術表達能力的發展和自我認知的提升。

　　藝術教育融合跨學科設計，促進幼兒多元智能和全面發展。精心設計教學策略，激勵幼兒積極參與並轉化理論為實踐，持續評估和反思以提升教學效果，推動藝術教育的進步，深化幼兒對藝術和學術的理解，培養創造力、批判性思維和解決問題的能力。

二、課程設計與教學策略

　　在設計跨學科的藝術教育課程時，以下是 10 種規劃與教學策略（圖 3-4）：

圖 3-4　課程設計與教學策略

(一) 整合學科內容

將藝術與語言、數學、科學等學科內容有機結合，促進跨學科的學習體驗。

(二) 跨領域專題設計

設計以特定主題為核心的藝術專題，橫跨不同學科的知識和技能。

(三) 多元教學方法

運用多種教學方法如專題探究、小組合作、實地考察等，豐富幼兒的學習體驗。

(四) 藝術作為學習框架

以藝術創作過程作為教學框架，引導幼兒探索和發現知識。

(五) 專業藝術家指導

邀請專業藝術家或文化工作者參與教學，啟發幼兒的創造力和專業技能。

(六) 技術整合

結合數位技術或多媒體素材，豐富藝術創作的表現方式和呈現形式。

(七) 文化多樣性

尊重和反映不同文化背景的藝術表達形式，拓展幼兒的文化視野。

(八) 評估與反思

設計有效的評估工具，鼓勵幼兒在藝術創作中反思和改進。

(九) 社區連結

與社區藝術機構或博物館合作，豐富課堂內容並擴展學習場域。

(十) 個別化支持

根據幼兒的興趣和能力差異，提供個別化的支持和挑戰，促進每位幼兒的全面發展。

藝術教育在教學中扮演重要角色，透過整合學科內容和跨領域專題設計，促進幼兒多元智能和全面發展。多元教學方法、藝術創作框架和專業指導，結合技術應用和文化多樣性，推動幼兒創造力和解決問題能力的培

養，擴展他們的學習視野和社區連結。

三、學科間的互動與整合

藝術與其他學科整合，具體化抽象概念，例如透過視覺藝術展示科學理論和實驗，深化幼兒對科學的理解，同時提升創造力和解決問題能力。藝術還透過歷史和文化背景培養對歷史事件和社會變遷的理解，強調創作和表達解決問題的能力，鼓勵幼兒批判性和創意思維的應用，促進綜合能力和深度理解。

四、學習成效與評估

在跨學科藝術教育中，教師透過觀察幼兒的創造力、情感表達、語言發展和社交技能來綜合評估其學習成效。這些評估方法不僅關注學術進步，還強調整體發展和學習態度的培養。有效的評估幫助教師更好地設計教學策略和課程內容，支持幼兒在藝術教育中的全面成長和發展。

五、實施挑戰與未來發展

在幼兒園中實施跨學科藝術教育，教師的積極態度至關重要，未來的發展包括強化教師能力和整合多媒體資源，以豐富幼兒的藝術體驗和學習機會。

綜上所述，跨學科藝術教育在幼兒園階段的實施，雖然面臨著多重挑戰，但擁有豐富的發展前景。透過教學者和政策制定者的共同努力，可以有效地促進這一領域的發展，爲每位幼兒提供更加豐富和多元化的學習體驗。

第五節 社區合作與家長參與的理念與實踐

在討論幼兒園幼兒的學習與生活時，重點在於社區合作提供多元化的學習機會和豐富的課程內容，透過與當地圖書館、博物館、公園及農場等機構的合作，促進幼兒在不同環境下的全面發展。建立穩固的社區關係是實現這些合作的關鍵，可透過合作協議、資源共享和戶外活動籌劃來確保其持續性和效果（圖 3-5）。

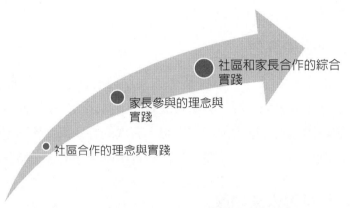

圖 3-5　社區合作與家長參與的理念與實踐

一、社區合作的理念與實踐

社區合作對幼兒學習和生活相當重要，包括提供多元的學習機會、豐富課程內容，以及促進社交互動，並探討適合的合作夥伴如當地圖書館、博物館、公園、農場等，以及建立合作協議、共享資源、籌劃戶外活動和社區參訪等實踐策略。

二、家長參與的理念與實踐

家長參與對幼兒學習和情感發展至關重要，強化家校合作與家庭學習支持，透過各種形式如家長會議、親子活動和定期溝通等，共同促進幼兒全面成長。

三、社區和家長合作的綜合實踐

(一) 綜合教育活動

學校可以設計綜合性教育活動，例如社區藝術節和親子社區服務計畫，促進社區合作和家長參與，以展示幼兒的藝術作品並培養他們的社會責任感和公民意識。

(二) 持續的社會支持

學校應充分利用社區和家長的支持，透過專家講座、家長教育課程和志願者網絡，支持學校的營運和家庭學習。

(三) 創新合作模式

學校應連結學習型社區，融入實地學習計畫，推動家長參與和跨學科合作，促進幼兒全面發展。透過家長參與會議、親子活動強化家校合作，提升幼兒的成就和全面發展，同時豐富課程內容，促進他們在多元環境中成長。

本章討論問題

1. 請說明「幼兒視覺藝術活動」對於培養幼兒感性基礎、創造力，以及提高其審美素養和批判性思考的重要性。探討在這過程中，「探索與覺察」、「表現與創作」和「回應與賞析」三項能力如何相互作用，綜合促進幼兒在美感領域的全方位成長。

2. 探討幼兒視覺藝術課程的設計與實施，及其對幼兒全人發展的影響。根據「美感教育中長程計畫」（113-117），美感教育的推動包括建立教師社群、提升教育人員的美感素養，以及設計多元教學課程，並強調社區合作與家長參與。幼兒視覺藝術課程的主要目標和核心價值是什麼？

3. 社區合作與家長參與對幼兒視覺藝術教育有何影響？（請就資源與機會的擴展、社會性和情感發展、教育效果和學習成果的提升，提出說明）

第四章

幼兒視覺藝術之發展

第一節　幼兒視覺藝術發展之定義

第二節　幼兒視覺藝術發展之理論基礎

第三節　幼兒視覺藝術發展及其蘊義

幼兒視覺藝術之發展

第四節　啟發創意的教學藝術

第五節　藝術教育的跨學科整合與策略

本章討論問題

幼兒繪畫是一個充滿價值和意義的學習領域，反映了幼兒天真純潔的思考、感情、想像和感覺等獨特經驗。透過自由揮灑色彩、形狀和線條，幼兒能夠表達其內心世界，展示豐富的創造力和想像力，對認知、情感、語言和社交發展至關重要。《幼兒園教保活動課程大綱》（教育部，2017）之美感教育的領域目標包含：(1) 喜歡探索事物的美；(2) 享受美感經驗與藝術創作，其內涵所述，在達成美感領域目標之時，亦在培養「探索與覺察、表現與創作、回應與賞析」等三項能力。

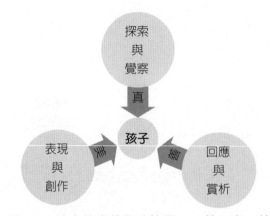

圖 4-1　繪畫的意義和功能圖 —— 美、真、善

本章分為五節，首節探討幼兒視覺藝術發展之定義；第二節為幼兒視覺藝術的理論基礎；第三節為幼兒視覺藝術發展及其蘊義；第四節討論如何透過創意教學激發幼兒在視覺藝術領域的探索與表現；最後一節探討藝術教育如何與其他學科整合，以提升教學效果和幼兒的多元智能發展。

本章學習目標

1. 了解幼兒繪畫的價值和意義
2. 掌握繪畫活動的教育意義和方法
3. 了解美感教育的核心目標和能力培養

第一節 幼兒視覺藝術發展之定義

　　領域的課程目標分別依四個年齡層（2-3 歲、3-4 歲、4-5 歲及 5-6 歲）規劃分齡學習指標，強調在幼兒先前的基礎上朝學習指標的方向進一步學習（教育部，2017）。在此脈絡範疇中，再以視覺藝術繪畫表現對應教保活動課程大綱美感領域之四大目標：喜歡探索事物的美、享受美感經驗與藝術創作、展現豐富的想像力、回應對藝術創作的感受與喜好。

一、幼兒在繪畫中可以達到之目的

（一）探索理解與感知能力的提升。

（二）感受敏感與鑑賞能力的提升。

（三）展現形式與情感的表達力。

（四）回應評價與回饋。

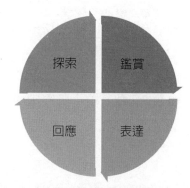

圖 4-2　幼兒在繪畫中可以達到之目的

　　在幼兒園，教師和教保員扮演著關鍵角色，引導幼兒探索美、啟發想像力、指導藝術創作，豐富美感體驗，對幼兒美感的培養至關重要（陳玉婷，2014；林玫君，2015）。引導者透過多元教學策略和豐富教材，激發幼兒對美的敏感度，培養其藝術修養。教師細心觀察幼兒創作，給予適時肯定與建議，鼓勵表達自我，促進獨特美感的發展。互動與溝通使教師更了解幼兒需求，提供針對性指導，有助於培育幼兒美感的成長。

二、幼兒藝術探索：啟發創造力（2-3 歲）

2-3 歲幼兒的繪畫活動包括自由塗鴉、手指畫、顏色遊戲和形狀印章，目的在促進手眼協調、觸覺感受及對顏色和形狀的認識（表 4-1）。

表 4-1　幼兒的繪畫活動內容

活動名稱	活動描述	目的	對應目標
自由塗鴉	提供大張紙張和粗細不同的畫筆，讓幼兒自由塗鴉。	培養幼兒的手眼協調能力，讓他們感受不同的顏色和形狀。	探索事物的美和享受美感經驗。
手指畫	讓幼兒使用手指和安全無毒的顏料在紙上創作。	增強幼兒的觸覺感受和色彩認識，促進感官發展。	享受美感經驗與藝術創作。
顏色遊戲	使用多種顏色的顏料，鼓勵幼兒混合顏色，觀察變化。	讓幼兒了解基本的顏色概念和色彩變化。	探索事物的美和享受美感經驗。
形狀印章	使用簡單的形狀印章（如圓形、方形）進行印畫。	讓幼兒認識不同的形狀，並用這些形狀創作圖案。	探索事物的美和享受美感經驗

對於 2-3 歲的幼兒，繪畫活動著重小肌肉訓練、自由開展地表達多元藝術活動的體驗，提升五感豐富創造力之展現，並培養對顏色和形狀的認識。

三、幼兒創意藝術：故事、色彩與多材質（3-4 歲）

3-4 歲幼兒的繪畫活動包括故事繪畫、主題顏色繪畫、貼紙拼貼畫和混合媒材創作，目的在培養理解能力、敘事技巧，並促進語言與藝術的整合（表 4-2）。

表 4-2　幼兒的繪畫活動內容

活動名稱	活動描述	目的	對應目標
故事繪畫	講述簡單的故事，讓幼兒根據故事情節繪畫。	培養幼兒的理解能力和敘事能力，促進語言與藝術的結合。	展現豐富的想像力。
主題顏色繪畫	設定一個主題顏色，讓幼兒創作一幅主要使用該顏色的畫。	幫助幼兒了解色彩的不同情感表達和搭配。	探索事物的美和享受美感經驗。
貼紙拼貼畫	提供各種形狀和圖案的貼紙，讓幼兒在紙上自由組合創作。	促進手部精細動作發展，培養創造力。	享受美感經驗與藝術創作，展現豐富的想像力。
混合媒材創作	讓幼兒使用不同的材料（如顏料、紙、布）進行創作。	拓寬幼兒的藝術表現手段，鼓勵多樣化的表達方式。	享受美感經驗與藝術創作，展現豐富的想像力。

　　3-4 歲幼兒繪畫活動展現其豐富想像力，探索及體驗轉換其發展理解力、敘事技巧，更有豐富色彩表達多樣性和材料組合的能力。

四、幼兒創作探索：自畫像、季節與故事（4-5 歲）

　　4-5 歲幼兒的繪畫活動包括自畫像、季節性主題畫、故事書插畫和風景畫。這些活動促進幼兒的觀察力、自我認識、想像力和空間理解，並讓他們享受藝術創作的美感體驗（表 4-3）。

表 4-3　幼兒的繪畫活動內容

活動名稱	活動描述	目的	對應目標
自畫像	讓幼兒畫出自己的樣子，並在繪畫中加入細節。	提高幼兒的觀察力和自我認識，發展細節表達能力。	展現豐富的想像力和回應對藝術創作的感受與喜好。
季節性主題畫	根據不同的季節，創作與該季節相關的畫作（如春天的花、冬天的雪景）。	讓幼兒感受自然變化，並在藝術創作中表達季節的特徵。	探索事物的美和享受美感經驗。

活動名稱	活動描述	目的	對應目標
故事書插畫	讓幼兒為簡單的故事創作插圖。	促進語言和藝術的結合，激發他們的想像力和敘事能力。	展現豐富的想像力和回應對藝術創作的感受與喜好。
風景畫	讓幼兒創作他們所見或想像的風景畫。	培養他們的觀察能力和空間理解能力。	享受美感經驗與藝術創作。

　　自畫像和季節性主題畫活動鼓勵幼兒表達自我及探索自然變化，同時促進細節觀察和想像力。

五、幼兒連環思考創意（5-6 歲）

　　繪畫活動包括故事情節連環畫、模仿名畫、抽象畫創作和社區風景畫。故事情節連環畫培養敘事能力和創意，模仿名畫學習藝術技法，抽象畫創作表達情感和擴展藝術視野，社區風景畫體現環境觀察和藝術興趣（表 4-4）。

表 4-4　幼兒的繪畫活動內容

活動名稱	活動描述	目的	目標對應
故事情節連環畫	讓幼兒創作一系列連貫的畫，講述一個簡單的故事。	發展敘事能力和創造性思維，提升對故事結構的理解。	展現豐富的想像力和回應對藝術創作的感受與喜好。
模仿名畫	選擇一些簡單的名畫，讓幼兒模仿並創作自己的版本。	讓幼兒了解經典藝術作品，並在模仿中學習技法和構圖。	探索事物的美和享受美感經驗。
抽象畫創作	介紹抽象藝術，讓幼兒創作非具象的畫作，表達情感或想法。	鼓勵幼兒用不同的方式表達自己，拓展他們的藝術視野。	展現豐富的想像力和享受美感經驗。
社區風景畫	讓幼兒描繪他們所在的社區，表現街道、建築和人們的活動。	增強對周圍環境的觀察力，並透過藝術表達對社區的理解和感受。	探索事物的美和回應對藝術創作的感受與喜好。

　　模仿名畫活動讓幼兒學習經典藝術作品的技法和構圖，抽象畫和社區風景畫創作則擴展其藝術表達能力和對周遭環境的理解與表達。

第二節 幼兒視覺藝術發展之理論基礎

　　幼兒繪畫在皮亞傑（Piaget）的觀點中，被視為認知發展的關鍵時期，其著重於認知結構和視覺表達之間的關聯性。隨著社會心理發展，艾瑞克森（Erikson）強調幼兒透過繪畫表達個人身分和社交關係的探索。而羅恩費爾德（Lowenfeld）進一步突顯繪畫作為幼兒創造力和情感表達的媒介，啟發其內在心靈世界。

一、幼兒繪畫發展的理論基礎

　　幼兒透過繪畫表達個人意念，從感覺動作到形式運思探索世界，教學者理解這些階段可提供適切支持，促進其全面發展。

(一) 以皮亞傑認知發展為根基

　　如表 4-5。

表 4-5　皮亞傑認知發展階段

感覺動作階段	前運思階段	具體運思階段	形式運思階段
0-2 歲	2-7 歲	7-11 歲	11 歲以上
感知和動作來探索世界	理解符號的涵義和功能	理解具體的邏輯運算和概念	抽象思維和邏輯推理
觸摸和視覺感知	意識到畫筆或顏料可以代表現實世界中的物體	具體和結構化的方式表達物體	探索抽象概念
	用線條和顏色來表達自己的想法	關注繪畫的比例、形狀和空間	嘗試不同的風格和表現形式

(二) 從艾瑞克森的社會心理發展來看

如表 4-6。

表 4-6　艾瑞克森的社會心理發展

信任與不信任	自律與羞愧階段	主動和退縮	勤奮與自卑	自我同整與角色混淆	親密與疏離	充沛與頹廢	榮耀與悲觀
0-1.5 歲	1.5-3 歲	3-5 歲	6-10 歲	11-18 歲	18-34 歲	35-60 歲	60 歲 -

(三) 羅恩費爾德看兒童畫

羅恩費爾德（1987）認為，幼兒的塗鴉活動能夠帶來肌肉運動所產生的滿足感和快感。著重嬰兒期感覺經驗的重要性，其認為嬰兒在動作發展方面從無法控制其動作到能夠控制，從無意義的反射動作到有意識的動作，是一個重要的發展歷程。並根據幼兒繪畫表現特徵，將塗鴉期（2-4歲）細分為三個階段，依序為「隨意塗鴉」、「控制塗鴉」和「命名塗鴉」（表 4-7）。

表 4-7　羅恩費爾德看兒童畫

錯畫期	象徵期	前圖示期	圖示期	黨群	擬似寫實	寫實
0-2 歲	3 歲	4-5 歲	6-9 歲	11 歲以上	12-14 歲	15 歲 -
隨意塗鴉命名塗鴉	控制塗鴉	命名塗鴉蝌蚪人物體星羅棋布	明確的人物X 光的畫法基底線	發現平面	人生觀情感來決定色彩的使用	信心

幼兒的塗鴉活動能夠帶來肌肉運動所產生的滿足感和快感。著重幼兒兒期感覺經驗的重要性，階段如說明：

1. 隨意塗鴉到控制塗鴉的發展階段（0-3 歲）：我們可以觀察到幼兒的繪畫表現顯示出線條增加、節奏感強化、分布更均勻，且線條粗細趨於一致，反映了他們在肩膀到其他關節發展逐漸成熟的過程。

2. 象徵期（3 歲）：在幼兒的心智成熟過程中，他們進入了「命名期」，

開始將已知事物與塗鴉中的圖案相連結，而在象徵期則伴隨著言語表達想法和想像，使用顏色時較為隨意。

3. 前圖示期（4-5歲）：大約在3歲左右，幼兒能夠畫出形象明確的圖案，例如人物、房屋或動物，雖然圖案造型通常僅含頭部和四肢，被稱為「蝌蚪人」或「頭足人」。

4. 圖示期（6-9歲）：在這階段，幼兒的繪畫不是直接參照寫生，而是依據內心所想像的形貌進行描繪，他們繪製的是所知或所想像的東西。幼兒在這時期的繪畫表現與語言發展類似，容易受到他人影響，尤其是父母或教師的指導。

二、幼兒繪畫的多層次觀點

　　皮亞傑、羅恩費爾德和艾瑞克森在幼兒繪畫發展方面提供了豐富而多層次的觀點，可以從以下方面進行綜述（圖4-3）：

(一) 認知發展的階段有反應理解與表達性

　　皮亞傑強調了幼兒繪畫在認知發展中的重要性，尤其是在表達能力和形象理解方面的作用。羅恩費爾德則提出了繪畫發展的階段理論，從無目的性到目的性的轉變，強調了幼兒繪畫能力的演變過程。

1. 心理認同和社會情感的表達：艾瑞克森指出，幼兒繪畫是一種表達個人身分和社交關係的方式。透過繪畫，幼兒能夠探索自我認同和與他人的關係，反映出其心理發展的階段性。

2. 想像力和創造力的培養：羅恩費爾德和皮亞傑都強調了繪畫對於幼兒想像力和創造力的重要性。繪畫活動提供了一個豐富的場景，讓幼兒能夠自由地表達自己的想法和想像。

3. 情感表達和治療的潛力：羅恩費爾德在繪畫領域也有貢獻，他強調繪畫作為一種情感表達的媒介，可以促進幼兒對於情感的理解和處理，並在心理治療中發揮重要作用。

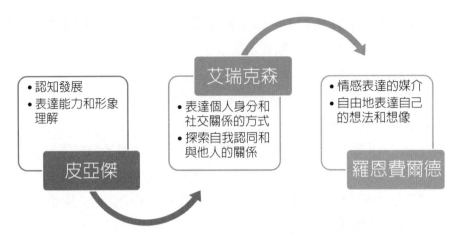

圖 4-3　皮亞傑、艾瑞克森與羅恩費爾德理論之間的關聯

(二) 個體發展與社會化的相互作用之關係

　　幼兒繪畫與個體發展和社會化的關係密切。繪畫不僅是個體表達和成長的一部分，也是與他人互動和交流的媒介，有助於幼兒建立健康的人際關係和社會技能的培養。

　　綜上所述，核心價值在於深入理解兒童的認知、情感和社會發展，以及透過繪畫這一媒介來促進這些發展的過程。這些觀點強調了繪畫在兒童成長過程中的重要性，並提供了理論基礎，使教學者、家長和社會大眾能夠更好地支持和引導兒童的發展。

表 4-8　幼兒園教保活動課程大綱（頁 109）

領域	情意		藝術媒介		發展
探索與覺察	美 -1-1	體驗生活環境中愉悅的美感經驗	美 -1-2	運用五官感受生活環境中各種形式的美	社會發展
表現與創作	美 -2-1	發揮想像並進行個人獨特的創作	美 -2-2	運用各種形式的藝術媒介進行創作	情感
回應與賞析	美 -3-1	樂於接觸多元的藝術創作，回應個人的感受	美 -3-2	欣賞藝術創作或展演活動，回應個人的看法	認知

三、幼兒繪畫發展的起源和重要性

幼兒的繪畫發展從模仿開始，逐步轉向塗鴉活動，享受色彩和線條帶來的愉悅感，並期待家長的肯定。

四、教師引導幼兒繪畫實務操作面向

可分為以下建議：

(一) 植基認知結構的建立，達課程架構完整度

根據皮亞傑，幼兒繪畫促進認知結構的發展，透過多樣化的顏色、形狀和材料鼓勵自由創作，並給予正面回饋和指導。

(二) 培育個人身分和社交關係的表達，以達幼兒人際關係之友善性

根據艾瑞克森的理論，繪畫是幼兒表達個人身分和社交關係的一種方式，透過提供表達感受、觀點和經驗的機會，並鼓勵他們介紹作品，以建立良好的社交連結。

(三) 促進創造力和情感表達，達心理正向支持度

根據羅恩費爾德的觀點，繪畫是啟發幼兒創造力和表達情感的媒介。提供豐富材料和主題，鼓勵他們表現想法和情感，並給予正面鼓勵和支持。

(四) 創造適性的環境

提供安全舒適且激發創意的環境，讓幼兒自由探索，表達自我，並給予適當指導和支持，同時尊重其個人選擇和表達方式。

(五) 持續觀察和評估，達檢核完備之發展目標

觀察幼兒的繪畫行為和作品，了解其發展需求，並根據情況調整引導策略，與教育合作夥伴共同支持幼兒的繪畫發展。

第三節　幼兒視覺藝術發展及其蘊義

　　幼兒視覺藝術教育中，線條和色彩是他們表達情感和觀察世界的基本元素，尤其是在「情緒線條」的表現中扮演著重要角色。

一、認識線條與色彩

　　在幼兒藝術教育中，認識和理解線條及顏色是培養創造力和表現能力的重要基礎。線條分為直線和曲線，每種類型都傳達特有的情感，例如水平線帶來寧靜，S 形曲線則顯得優雅。透過遊戲、實物觀察、討論和繪畫等方法學習顏色，有助於提升幼兒的感知和表達能力，並培養良好的社交合作能力。

(一) **認識線條好朋友**

　　在幼兒藝術教育中，認識和理解線條的不同類型和特質，有助於激發他們的創造力和表現能力。這包括直線和曲線的各種形式，每種線條都能傳達獨特的情感和視覺效果（可參閱表 3-1）。

(二) **顏色的分類與自然特性**

　　幼兒學習顏色分類和自然特性是提升感知能力、語言表達能力的關鍵，觀察自然界的多樣色彩不僅激發創造力和想像力，還促進對自然的尊重與保護意識，支持個人成長並培養社交與合作能力。

　　幼兒學習顏色的方法包括：透過感官刺激的顏色認知遊戲，帶領他們到自然環境觀察顏色，討論顏色特性和意義，提供繪畫活動讓他們探索顏色創作，以及透過反覆學習加深對顏色的認識和興趣。線條和顏色在幼兒藝術教育中相當密切，透過遊戲和觀察來豐富情感表達和視覺理解，同時促進創造力、表現力，增強社交合作能力和環境保護意識，為幼兒全面發展奠定基礎。

二、聚焦幼兒繪畫

本研究探索幼兒繪畫的錯畫、象徵及前圖示階段，以深入理解幼兒藝術發展的過程和特徵。這些階段反映了幼兒認知發展的轉變，對幼兒藝術教育與發展提供重要啟示（圖 4-4 至圖 4-10）。

圖 4-4　〈我和媽媽逛花園〉
Yen 大班 6 歲

圖 4-5　〈去阿公家吃飯〉
Een 大班 5 歲

圖 4-6　〈一家人〉
舜 3 歲

圖 4-7　〈海邊玩　吃冰淇淋〉
Shain 中班 5 歲

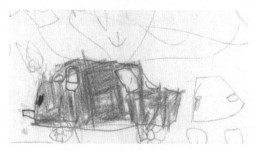

圖 4-8　〈車子〉
Yue 中班 5 歲

圖 4-9　〈我和哥哥媽媽以前〉
Shinn 中班 5 歲

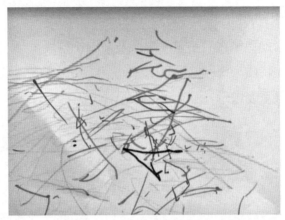

圖 4-10　〈父親節卡片〉
Isha 9M

根據羅恩費爾德的分類：

(一)「錯畫」

0-2 歲階段幼兒繪畫表現不成熟，無法準確呈現物體形象。「象徵」指幼兒開始將繪畫符號與實物聯繫，展現象徵性思維。「前圖示」階段幼兒開始呈現部分物體形象，標誌其繪畫能力逐步發展。

實務分享：在幼兒園裡，教師帶領小朋友進行了「春天來到我的家」的繪畫活動，討論家的不同部分，例如春天的感受、窗戶、門、花園和家人等。每位幼兒用畫紙和蠟筆，創作出充滿童真和想像力的作品，有彩色瓦片的房子、笑臉和家人一起吃飯的場景。

(二) 象徵期（2-3 歲）

象徵期是幼兒發展的重要階段，通常從 2 至 3 歲開始。在這階段，幼兒開始將繪畫中的符號與現實事物聯繫起來，賦予象徵意義，因此被稱為「命名期」。這時幼兒可能使用符號如太陽、家人或寵物，透過這些表達他們對世界的理解和情感。

例如一位幼兒畫了一個黃色的圓形，並稱其為太陽，這表現出他們使用象徵符號來理解和表達世界的能力。教師可以藉此機會引導幼兒探討作品背後的想法和感受，促進其認知和情感的發展。

（三）**前圖示期（3-5 歲）**

是幼兒發展中的一個階段，通常發生在 3 至 5 歲之間。在這階段，幼兒開始展現繪畫的興趣，雖然作品仍較為抽象，難以辨認具體的物體或場景。他們主要受到內在想像和情感的驅使，而非對現實世界的準確呈現。

實務案例分享：教師給每位幼兒一張空白的畫紙和一些彩色蠟筆。一位 4 歲的幼兒，名叫 Kai，開始用蠟筆在紙上隨意塗抹，形成一些彩色的斑點和線條。雖然他的作品看起來像是一團混亂的顏色，但對於他來說，這些斑點和線條代表著他內心的想法和愉快感受。他在其中表現了一些情感，也許是快樂、憂鬱或興奮。在這個過程中，Kai 不僅表達了自己的情感，還培養了對藝術創作的興趣和自信心。

（四）**圖示期（6-9 歲）**

主要發生在 6 至 9 歲之間，7 歲趨於明顯，且有「基底線」出現，視幼兒個別發展進度和繪畫能力成熟程度而定。此階段，幼兒的繪畫能力顯著提升，能清晰表現人物、動物、植物等具體形象，並開始有故事性內容。他們嘗試不同顏色和線條描述看到或想像的事物，但在畫面細節和比例上仍有簡化和不確定性。

三、情緒線條在情緒中的表現

幼兒的繪畫中，線條充滿情感和感受。直線、曲線和自由線條各自表達不同的內心世界和情感狀態，例如水平直線表示寧靜與穩定，而斜線則象徵活潑與動感。幼兒會自然地選擇和運用這些線條來表達他們的情緒和內在感受（周敬模，2024）。

幼兒當感到快樂或興奮時，他們的畫作可能會充滿動感的曲線和斜線；而在感到緊張或焦慮時，可能會出現更多折線，表達出不安的情緒。自由線條特別展現了幼兒的自發性和創造力，無論是有序還是混亂，都揭示了他們對世界的直觀感受和豐富的想像力。

鼓勵幼兒自由探索繪畫線條，不僅促進藝術表現和情感發展，還幫助教學者深刻理解他們的內心世界，支持他們全面成長（圖4-11、圖4-12）。

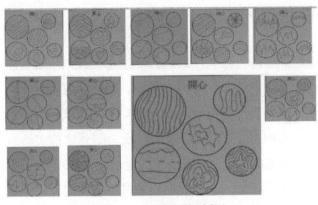

圖 4-11　〈開心的時候〉
4 美集體創作

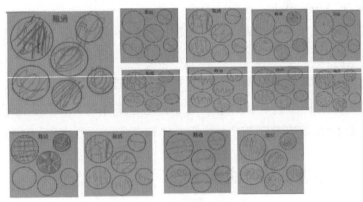

圖 4-12　〈難過的時候〉
4 美集體創作

四、透過觀察與紀錄的省思

透過觀察幼兒的繪畫過程，探究他們用線條和顏色表達情感和世界觀，並透過線條的特徵來追蹤情緒變化，以提供教學者和家長洞察，更好地理解和滿足他們的情感需求。

(一) 觀察與紀錄

幼兒園教師透過觀察和紀錄了解幼兒的成長，調整教學策略並提供個

性化支持，促進親師溝通合作以支持他們的均衡發展。

(二) **質性描述**

質性描述在幼兒教育中相當重要，透過細緻描繪幼兒的學習歷程和情感表達，我們能深入理解他們的內心世界和發展需求。

(三) **訪談紀錄**

訪談紀錄是了解幼兒觀點和情感的寶貴工具，透過定期對話捕捉他們對活動和創作的真實表達，幫助我們精確理解其需求和興趣，這些紀錄能指導我們調整教學策略，創造更貼近幼兒興趣的學習機會，並提供適切的情感支持。

(四) **成果展現 —— 小小藝廊**

小小藝廊展示幼兒創作，透過精心策劃的展覽，增強他們的自信心，並讓家長深入了解幼兒的思考與情感；觀察與紀錄則提供教學者、家長和幼兒自我反思的機會，促進成長認識、激勵與表達的平台。

(五) **全面發展的支持系統**

幼兒園教師透過觀察、紀錄、質性描述和訪談，全面了解幼兒的發展需求和情感表現，小小藝廊作為展示平台，展現幼兒創作成果，並深化家長對幼兒成長的理解，有助於支持他們的創造力、情感發展和自信心，促進他們全面發展。

第四節 啟發創意的教學藝術

印畫是啟發幼兒創作的重要形式，透過探索海綿、蔬菜和布料等安全素材，讓他們在印畫過程中豐富視覺與觸覺的感受（表 4-10）。

＊小秘訣

1. 在印畫紙底下墊報紙，效果較好。
2. 白膠做混合印畫，可用溫水調和，效果極佳。

表 4-10　兒童印畫建議課程單元

手腳印畫	物件印畫	工具印畫	混合印畫
幼兒的手、腳部進行操作的印畫方法	使用特定物件進行印畫的方法	使用特定工具進行印畫的方法	使用不同材料和工具進行印畫的方法
材料安全 防止誤食 清潔衛生	監督與指導	工具使用安全	防止誤食 材料安全
手指印畫 小腳踩畫 手掌印畫	瓶蓋印畫 玩具車印畫 樹葉印畫 石頭印畫 紙杯印畫	海綿印畫 毛刷印畫 牙刷印畫 吸管印畫 滾筒印畫	彩色印畫 泡泡印畫 軟木塞 紙板印畫 白膠加色彩

一、安全注意事項

　　在進行幼兒印畫活動時，重要的安全注意事項包括使用符合安全標準的材料，確保良好的空氣流通，成人監督並提供必要指導，防止幼兒接觸有毒材料或誤食，並定期清潔繪畫用具和工作區域。

二、反思議題

　　在引導幼兒進行印畫活動時，我們應該反思以下議題：

㈠ 課程核心價值

　　印畫活動目的在促進幼兒的感知發展、創造力和表達能力。透過印畫，幼兒能夠探索色彩、形狀和紋理，培養美感和觀察力，並且表達自己的想法和情感。

㈡ 重複、反覆和對稱的意義

　　透過重複、反覆和對稱的印畫活動，幼兒能夠培養細緻的觀察力和手部協調能力。

㈢ 對應幼兒身體發展

　　印畫活動應根據幼兒的發展階段和能力指標進行適當引導。

（四）讓幼兒體驗

印畫活動讓幼兒透過觸摸、感覺和創作，深入了解色彩、紋理和形狀，激發想像力和創造力，並豐富其感官世界。

第五節 藝術教育的跨學科整合與策略

幼兒繪畫是一個跨學科整合的教育媒介，促進幼兒在數學中學習形狀和大小，豐富語言表達能力，並在科學中觀察自然現象，同時培養社交、情緒和美感等多方面的發展。這種綜合性教學不僅使學習更有趣，也促進了幼兒的全面成長，建立了覺知辨識、表達溝通、關懷合作、推理賞析、想像創造和自主管理等核心素養（教育部，2017）（圖 4-13）。

圖 4-13　教保大綱六大核心素養

幼兒的繪畫活動在語言、科學、社交、數學和身體發展中扮演著關鍵角色。透過繪畫，他們能夠表達情感、擴展語言能力、探索科學，促進社交和情感成長，並培養數學和空間感知，以及發展精細動作技能（圖 4-14）。

圖 4-14 藝術教育的跨學科整合與策略

一、身體動作與健康策略

(一) 幼兒手部肌肉培養課程

透過不同的繪畫工具和材料，例如筆、彩色筆、蠟筆等，幼兒進行各種握持和操作的練習。

(二) 技巧訓練課程

教師引導幼兒進行精細繪畫、填色和畫線條等技巧挑戰，提供適當的指導和練習機會，幫助他們透過反覆練習提升技巧，加強手部控制能力，進而發展手部動作技能。

二、心理認知的提升策略

(一) 觀察、分析、描繪繪畫主題

透過觀察和描繪繪畫主題，學習分析特徵和細節，並理解形狀、顏色和大小等視覺元素的概念。

(二) 提供豐富多彩的繪畫主題

教師設計豐富多彩的繪畫主題，例如自然風景、動物、人物和節日場景，激發幼兒的好奇心和想像力，鼓勵他們透過繪畫表達想法和感受。

（三）**探索和表達想法和感受**

透過繪畫活動，幼兒能夠探索和表達想法與感受，將其轉化成圖像和色彩，培養表達和情感發展能力。

三、口語表達、正向鼓勵策略

（一）**描述和分享作品**

教師在繪畫活動中可以鼓勵幼兒描述作品，分享內容、情感和想法，培養他們的口語表達能力，提升語言流暢度和表達清晰度。

（二）**積極回饋和鼓勵**

教師應給予幼兒積極的回饋和鼓勵，促使他們勇於表達和分享想法與感受。正面的回饋能增強幼兒的興趣，並進一步提升他們的語文表達能力。

四、分享共好共識、美感扎根

（一）**集體繪畫活動**

教師定期組織集體繪畫活動，讓幼兒能夠與同儕一起參與、合作和分享創作的樂趣。

（二）**尊重他人意見**

在活動中，教師引導幼兒分享和聆聽彼此的想法，培養合作精神和尊重他人的態度，促進良好的社會互動。

五、建立穩定情緒

（一）**提供安全、開放的繪畫環境**

教師創造安全無壓力的繪畫環境，讓幼兒自在表達情感和想法，有助於他們放鬆心情，勇於展現內心世界。

（二）**情感引導**

教師在繪畫過程中注重情感引導，引導幼兒了解自己的情感，並鼓勵他們勇敢地表達和接受自己和他人的情感。班度拉認為，在社會情境當

中，觀察他人的行為，人們就可以大量學習（Bandura, 1977）。幼兒透過觀察和模仿他人作品學習新的繪畫技巧和表現形式，這展示了社會學習論的理論基礎。繪畫幫助他們表達情感、釋放壓力，並增進對他人情感的理解和尊重，對情緒發展有積極影響。

六、核心美感的激發

(一) 提供藝術資源和作品

教師提供多樣藝術作品和藝術家資源，例如繪畫、雕塑、音樂和文學，豐富幼兒的視覺與感知，擴展美的理解，並激發好奇心和想像力，啟發對藝術的興趣。

(二) 引導欣賞和創造

教教師引導幼兒欣賞各種風格和形式的藝術作品，幫助他們認識藝術的多樣性與豐富性。同時，教師鼓勵幼兒發揮創造力，嘗試新的想法和表達方式，以深化其美感和藝術表現能力。

本章討論問題

* 請用簽字筆由下而上練習垂直線條，碰到前面的圖形時停止，完成後簡述你的感受。

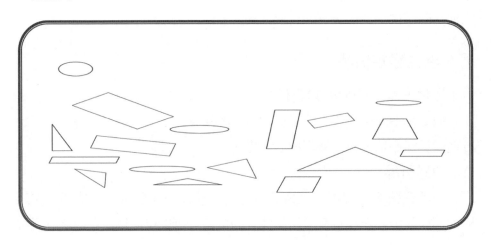

第五章

幼兒視覺藝術教學方法論

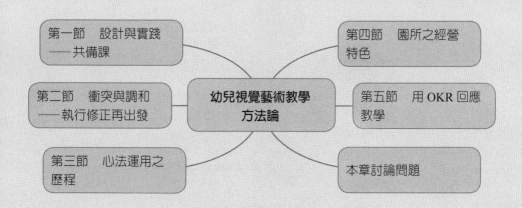

第一節　設計與實踐
——共備課

第二節　衝突與調和
——執行修正再出發

第三節　心法運用之
歷程

幼兒視覺藝術教學
方法論

第四節　園所之經營
特色

第五節　用 OKR 回應
教學

本章討論問題

　　本章探討幼兒視覺藝術教學中的共備課、衝突調和、心法運用、園所特色及 OKR 管理。共備課透過教師合作提升課程創新性和適應性，滿足多元學習需求。衝突與調和策略促進教學質量提升和團隊成長。心法運用幫助教師設計個性化課程，促進幼兒創造力。不同幼兒園根據經營特色發展獨特的教學模式。OKR 管理工具透過設定明確目標，提升教學成效。

　　幼兒視覺藝術課程的設計應當旨在促進幼兒的創造力、表現能力、認知發展和藝術欣賞能力，這些核心目標構成了視覺藝術教育的基本框架。透過多樣化的活動，幼兒可以自由探索和表達內心的情感和想像力，這對於培養他們的創造性思維至關重要（圖 5-1）。

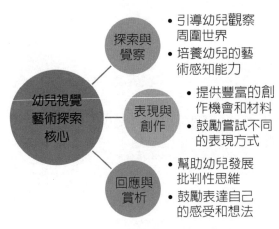

圖 5-1　幼兒視覺藝術探索核心

　　探索幼兒視覺藝術教學的理論基礎和實踐應用，提出創新方法和策略以提升教育質量，啟發教學者、合作夥伴和政策制定者，推動幼兒視覺藝術教學的不斷改進，需建立堅實的教育理論基礎，採用創新教學方法，促進幼兒全面發展。

本章學習目標

1. 理解幼兒視覺藝術教學核心概念和不同年齡段的發展需求。
2. 掌握幼兒藝術教學技巧，促進創造力和想像力。
3. 培養幼兒藝術教學態度，激發興趣，重視個體差異。

第一節 設計與實踐——共備課

一、回首來時

　　國內幼兒視覺藝術課程挑戰：技巧比重稍多，自主創作可再增加；改進課程設計與教材選擇相當重要。

　　要解決這些問題，需要在課程設計中增加共備課、觀課和議課活動。聚焦教師之間的合作與分享，協助教學者平衡技巧教學與創造力培養。觀課與議課則提供了反思和修正的機會，讓教師能夠根據幼兒的反應和表現調整教學策略。

(一) 教學方法

　　在教學方法上，過去大多採用一般傳統講述式教學法，現今轉換方式，採用引導啟發的方式，鼓勵幼兒自主選擇材料和透過主題式教學，並透過提問和對話激發他們的創造性思維。教師採設計開放式的活動，讓幼兒探索不同的藝術技法和材料，而不是僅僅依賴預先設定的結果。

(二) 教材選擇

　　教材選擇方面，應注重多樣性和靈活性，提供各種富有啟發性的原始材料和工具，從而豐富幼兒的創作資源。這些材料應該包括自然物品、再生材料以及各類不同的媒介，讓幼兒能夠自由地選擇和創作。

　　教師和家長彼此的關係定位為「教育合夥人」的角色。教師應該更多地扮演引導者，而不是指導和控制的角色，鼓勵幼兒探索和試驗。

　　透過改進課程設計、教學方法和教材選擇，及時反思和調整共備、觀課、議課活動，促進幼兒視覺藝術的自主性、創造力和探索精神，培養豐

富藝術表達能力。

(三) 文化更迭、藝教脈動

藝術教育的觀點與目標，隨著文化更迭、世界脈動，已由最初的工匠式仿製藝術，擴展至「創意性」、「啟動內在創作動機」、「人與環境」的多元化意涵（林曼麗，1995）。二十一世紀臺灣視覺藝術教育的目標在於以「兒童」爲中心，透過「創造的過程」積極激發學習者內在的學習動機，將多元的思考模式統合表現，以提煉高層次的創造力（林曼麗，2001）。聚焦「兒童」爲焦點，透過「創造的過程」積極激勵學習者內在的學習動機更是至關重要之關鍵，將多元的思維模式融入表現中，從而提升幼兒高層次的創造力爲當前重要、刻不容緩之目標。

教學觀察顯示，傳統的藝術教學偏向成果導向，缺乏眞正激發創造性思維的元素，應更注重學習者自主探索、反思和創作過程。

二、歸納重點

(一) 教學目標與問題

國內幼兒視覺藝術課程存在幼兒自主創作不足、過度技巧性教學、教材限制等問題。教學目標設定需調整，重視幼兒創造力與自主性，並減少教師與家長的壓力，以擴展幼兒的創作空間。

(二) 藝術教育的演變

藝術教育觀點與目標已從最初的工匠式仿製藝術擴展至強調「創意性」、「啟動內在創作動機」、「人與環境」的多元化意涵。重點在於促進個人的創造性思維和對環境的理解，鼓勵學習者積極參與創作，並在表達中找到自我。

(三) 教學方法與挑戰

傳統的藝術教學過於成果導向，缺乏個人表達與想像力。應重視創造性思維，激發學習者主動學習與環境互動的創作歷程，避免固著化的學習模式。

三、探索創意教學新方向

從《幼兒園教保活動課程大綱》的觀點出發，我們看到在拓展幼兒美感經驗方面，越來越重視感知與情感的培養，提供幼兒更多創作機會。這種轉變不僅激發幼兒的創造力，還營造了豐富的學習環境，讓幼兒透過各種藝術媒介展現獨特的想像力與創作天賦。

(一) **探索創意教學新方向 —— 感知與情感的培養**

根據《幼兒園教保活動課程大綱》，在拓展幼兒美感經驗的過程中，越來越強調感知和情感的發展。

(二) **多樣的藝術媒介**

課程設計鼓勵幼兒探索多種藝術媒介，例如繪畫、雕塑、音樂和戲劇，豐富表達工具，促進想像力和創造力的展現。

(三) **創造力的激發與學習環境的豐富**

課程的設計轉變，注重創造力的培養，不再僅僅強調技術性或結果導向的教學方法。這種設計為幼兒營造了一個豐富多彩的學習環境，使他們能夠在自由探索中發展自己的藝術潛力。

(四) **美感中的「回應與賞析」**

強調幼兒對日常生活中各種藝術創作的感受和個人喜好的表達。透過「回應與賞析」，幼兒能學會欣賞和理解不同的藝術形式，培養他們的審美能力和批判性思維。

(五) **「表現與創作」的實踐**

課程鼓勵幼兒嘗試以各種形式的藝術媒介來進行表現與創作。幼兒在創作過程中發揮其想像力，並以獨特的方式進行表達，體現了個體的創造性和個性。這種實踐不僅增強了創作能力，也促進了幼兒在藝術表達中的自我認同和自我實現。這些新策略全面激發及支持創造力，提供多樣且啟發性的學習環境，讓幼兒在藝術探索中獲得豐富美感體驗。

五、重塑創意教學模式

在幼兒園教育中，美感的「回應與賞析」強調幼兒對生活環境中多元的藝術創作或表現，表達其感受與偏好，這是《幼兒園教保活動課程大綱》（2017）中的重要理念之一。這些課程設計注重拓展幼兒的美感經驗，重視感知與情感的培養，並透過結合日常生活提供更多創作機會。

教學者鼓勵幼兒透過多樣藝術媒介展現獨特想像與創作才能。這轉變不僅激發創造力，也營造豐富學習環境，促使幼兒在美感中成長，培養美的鑑賞與創造能力。

共備課是幼兒園教師為了實現這些教育目標而進行的協同教學準備過程，其意義和目的體現在以下幾個方面：

(一) 增進合作與交流

共備課是一個讓教師們共同討論、分享與交流教學理念和經驗的過程。這樣的互動有助於促進教師之間的合作，並且有助於整合各自的專業知識和技能，為幼兒提供更豐富和多樣的學習經驗。

(二) 提升課程品質

透過共備課，教師們可以集思廣益，設計出更有創意、更具挑戰性的活動和課程。這有助於確保課程能夠滿足不同幼兒的需求，並且符合《幼兒園教保活動課程大綱》的精神。

(三) 專業成長

在共備課過程中，教師們可以互相學習新的教學策略和方法，提升自己的專業能力。

(四) 促進創新教學

透過合作討論和計畫，教師們能夠探索和實踐新的教學方法，並且能夠更靈活地應對教學中的挑戰和變化，從而創造出更加適應和富有創意的學習環境。

綜上所述，共備課不僅是規劃和協作的過程，更是提升教育質量的關鍵途徑。透過互相支持和分享，教師們能激發創新的教學方法，促進幼兒

在鼓勵和關愛的環境中充分發揮創造力和想像力。

第二節 衝突與調和——執行修正再出發

在幼兒視覺藝術教學中，創新方法和應用一直是教育界的焦點，也是突破僵局思維的關鍵。隨著教育理念和社會需求的變化，傳統的教學方式可能無法完全滿足幼兒的需求，因此需要尋找更有效、更具啟發性的教學方法。

本章節將探討幼兒視覺藝術教學的創新方法與應用，為教學者提供實用的理念和方法，以激發幼兒的潛能，促進其全面發展。

一、教育理念的演進

從九年一貫課綱到 108 課綱，以及教保活動課程大綱的轉變，標誌著教育理念的轉變，從以教師為中心逐漸轉向以學生為中心的素養導向。在這樣的背景下，「支持、鼓勵的教學態度」被視為培育創意的重要基石，它既是創意性教學策略的啟動引擎，也是激發學生潛能的關鍵要素，更加符應「美感從幼起，美力終身學」的理念目標。

二、「支持、鼓勵的教學態度」的重要性

支持和鼓勵的教學態度不僅是教育實踐中的一種方法，更是培育學生成長和發展的重要原則，為創意之花的茁壯提供了溫暖的土壤和營養的滋養。「支持、鼓勵的教學態度」即為培育創意之花的溫床，可視為創意性教學策略的啟動引擎（胡郁珮、魏美惠，2010）。教學態度被視為一種教育理念，強調教師對學生的積極引導和肯定，以培養學生自信心和創造性思維。這種教學態度不僅關乎教學者對學生的態度和價值觀，更體現了教育理念和教學方式的轉變，從「以教師為中心」到「以學生為中心」的轉變，從單一的知識傳授到培養學生多方面素養的轉變。

三、幼兒視覺藝術教學的創新方法與應用

幼兒視覺藝術教學的創新方法與應用是當今教育領域的重要議題，傳統方式已不足以滿足現代幼兒需求。本章探討新教學方法和應用，旨在激發其藝術潛力，促進全面發展。

四、創新方法理論基礎的探討

教育心理學、藝術教育理論和發展心理學的綜合觀點對幼兒視覺藝術教學具有重要啟發。這些理論強調幼兒透過主動探索來建構知識，並提倡以豐富材料和啟發性活動促進認知發展和創造力。

發展心理學的觀點提供了研究幼兒情感、社會發展和認知理解的基礎。在幼兒視覺藝術教學中，基於這些理論的研究可以透過創造性的教學方法來促進幼兒的情感表達和想像力，從而豐富他們對世界的理解。

這些理論的綜合應用使得幼兒視覺藝術教學不僅成為技巧和知識的學習場所，更是培養幼兒全面發展的重要途徑，啟發他們在創造性和表達性方面的潛能（圖5-2）。

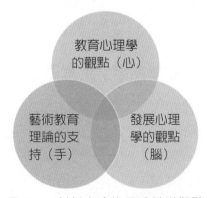

圖 5-2　創新方法的理論基礎觀點

(一) 教育心理學的觀點（心）

教育心理學提供了許多有價值的觀點，特別是關於幼兒的認知發展和

學習過程，例如皮亞傑的認知發展理論強調幼兒透過主動的探索和操作來建構知識。在幼兒視覺藝術教學中，教師透過提供豐富的材料和啟發性的活動，促進幼兒的認知發展和創造力表現，例如以探索爲主題的藝術活動可以激發幼兒的創造性思維。

(二) **藝術教育理論的支持**（手）

藝術教育理論強調藝術教育的目標應該是培養幼兒的創造力、想像力和表達能力，而不僅僅是傳授技巧和知識。例如草根教育理論主張透過提供豐富多樣的藝術體驗來培養幼兒的創造力和想像力。在幼兒視覺藝術教學中，可以透過提供開放性的創作活動和鼓勵自由表達來落實這一理念。

(三) **發展心理學的觀點**（腦）

發展心理學研究幼兒的情感和社會發展，以及他們對世界的理解和認知。例如測試藝術的啟發性和創造性潛能的研究可以基於發展心理學的理論。在幼兒視覺藝術教學中，透過創造性的教學方法和引導，可以促進幼兒的情感表達和想像力，使他們更加豐富和多元地理解世界。

這些理論基礎指導教師設計和實施具啟發性和創新性的藝術教學。教師可以整合皮亞傑的認知發展理論和草根教育理念，透過探索性藝術活動促進幼兒的創造力和想像力。

草根教育理論並主張教育應當從幼兒的內在發展需求出發，促進其自然、內在的成長。

透過結合皮亞傑和草根教育理論，教師能夠設計出符合幼兒發展需求的藝術活動，透過觀察、探索和創造來啟發幼兒的創造力和想像力，進而豐富其藝術體驗和表達能力。

五、實際應用創新方法的案例分析

教授藝術的方法有多種，一般而言有傳統式教師主導、半開放教師引導，以及自由式幼兒自主等三種模式。這些教學模式在幼兒藝術表現上產生截然不同的影響。在教學實踐中，我們進一步區分爲顯性課程和隱性課

程。在幼兒階段的隱性課程中，蘊含著美感培養、品格建構以及共融價值的學習。

　　傳統式教師主導模式強調教師在藝術教學中的指導作用，通常由教師主導創意過程、技術指導與評價。半開放教師引導模式則給予幼兒一定的創作自由，同時教師提供指導和引導。自由式幼兒自主模式則強調幼兒在藝術創作中的主動性和自主性，幼兒有充分的自由表達和探索空間。

　　隱性課程的重要性在於培養幼兒對美的感知、品格的養成以及共融價值觀的建構。這些價值觀往往在學術課程之外，以日常生活和社交互動的形式被潛移默化地傳遞給幼兒。

　　藉由運用這些教學模式與課程設計，我們能夠更有效地實現教學目標，同時尊重幼兒的個性和需求，引導他們在藝術表現中展現出豐富的想像力和創造力。

(一) 體驗學習融入課程

　　「體驗學習」是一種透過感官體驗去觀察思考，探索生活周遭相關事物，並喚起新舊經驗連結的循環學習歷程（林淑惠，2003）。

1. 體驗（Experience）：這是學習過程的起點，學習者透過親身體驗、實際參與或觀察到某些現象、活動或事件。在這個階段，學習者直接感受和接觸到所要學習的內容，建立起第一手的觀察和體驗。

　　幼兒在學習顏色時，可以透過感官刺激的顏色認知遊戲、自然環境觀察、討論顏色特性和意義、繪畫創作，以及反覆學習深化對顏色的認識和興趣，這些都是他們親身體驗學習的重要方式。

2. 反思（Reflection）：在這個階段，學習者對自己的體驗進行反思和分析。他們思考這些體驗的意義、背後的原因、自己的感受和觀點等等。透過反思，學習者能夠更深入地理解所學內容，發現其中的規律和深層次的涵義。

　　教學引導者可以問幼兒在遊樂場或實驗中的活動和發現，或者在玩泥巴或積木後反思他們的遊戲和探索，同時在用餐時探討他們對食物和

烹飪過程的感受和發現。

3. 應用（Application）：在這個階段，學習者將他們從體驗和反思中獲得的知識和理解應用到實際生活或解決問題中。透過實際應用，學習者不僅加深對所學知識的理解，還能夠培養解決問題和應對挑戰的能力。嘗試讓幼兒在其他地方使用這些知識，比如在繪畫時用泥巴做畫筆，或者在積木上加上泥巴來增加堆疊的樂趣。這樣幼兒就是在應用之前學到的東西了。

表 5-1　應用

	體驗 （Experience）	反思 （Reflection）	應用 （Application）
1. 玩泥巴	感受柔軟	做了些什麼，發現了什麼？	捏陶土
2. 玩積木	堆疊形狀	哪些形狀是最好玩？	積木堆疊加上其他媒材
3. 玩烹飪	食材香料味覺	發現了什麼有趣的事情？	試著操作，提出想法
4. 故事閱讀	圖畫文字體驗	故事的感受	模仿扮演角色
5. 玩粉筆	四肢協調	畫了什麼？	大海報作畫

（二）創造力思考融入教學

對於幼兒園的幼兒，創造力思考融入教學可以朝著以下方面：

1. **探索性和遊戲化教學**：提供豐富的遊戲和探索性活動，例如自由繪畫、模型塑造、角色扮演等，鼓勵幼兒透過玩耍和實驗來表達他們的想法和情感。

2. **感官和認知發展**：考慮幼兒的感官發展階段，設計能夠刺激他們視覺、聽覺、觸覺等感官的藝術活動，幫助他們探索世界和自我表達。

3. **創造性思維的引導**：引導幼兒展開擴散思考，透過提問和啟發性的故事情節來激發他們的想像力，鼓勵他們提出多樣性的解決方案和創意表達方式。

4. 故事和角色扮演：利用故事和角色扮演活動，幫助幼兒建立情節性思維，透過角色扮演來探索不同的角色身分和情感表達方式。

5. 合作和社交技能：鼓勵幼兒在小組活動中合作創作，學習分享和尊重他人的想法，從而培養他們的社交技能和團隊合作精神。

6. 自我表達和自信培養：提供正面回饋和尊重個人風格，有助於提升幼兒的自信和自我表達能力，有效激發創造力，建立探索與啟發並重的學習環境，促進幼兒在藝術創作中的全面發展。

第三節 心法運用之歷程

　　幼兒視覺藝術教學是具挑戰性和探索豐富性的成長領域，目的在深刻影響幼兒的感知、思維和表達能力，提供系統的教學指導和理論支持，激發創造力和表達能力。透過創意有趣的教學法，豐富幼兒的藝術體驗，同時提升美感和視野，培養獨特的表達和思考方式。

一、幼兒視覺藝術教學方法

(一) 創意思考法（Creative Thinking Method）

1. 擴散式：認知心理學的觀點，美國心理學者 Guildford（1950）將創造力視為人類的一種基本的認知能力。他曾提出智力結構理論，將思考的過程分為「聚斂思考」與「擴散思考」，其中，擴散式思考（Divergent Thinking）與創造力具有相關性，包含流暢力、變通力及獨創力。擴散式思考強調產生多樣性的想法，尋找不同的觀點和解決方案，這是創造性思維的一個重要元素（周敬模，2023）。此創意思考法對於引導幼兒創造力展現有著重要的助益。教學引導者如能掌握此關鍵，相信在引導幼兒從事藝術創作時能產生豐富多元的創作表現。

2. 聚斂式：是指思維向特定目標或結論收斂的能力，通常用於評估和分析已有的資訊，從中找出最合適的解決方案或答案。聚斂式思考就像是

找尋最好的答案一樣。當幼兒面臨一個問題或者一個挑戰時,他們會集中注意力,思考如何找到最適合的解決方案。聚斂式思考也意味著整理想法。幼兒可以想像自己是一個小小的整理家,把頭腦中的想法整理成一個個有序的盒子,然後找出最適合的那個盒子(隱性課程中,整理物品、物品定位:車子的家、文具的家、工具的家)。

(二)**實驗性學習法**(**Experimental Learning Method**)

　　是一種著重於讓幼兒透過實際操作和探索來學習的教學方法,藉由實際操作來觀察、體驗,從中獲得知識和理解。

(三)**教師引導示範法**(**Teacher-guided Demonstration Method**)

　　指的是教師透過示範、演示的方式向幼兒展示特定的技能、技巧或過程,然後引導幼兒模仿、學習和應用。

(四)**互動式學習法**(**Interactive Learning Method**)

　　是一種強調幼兒間互動和合作的教學方法,透過小組討論、合作任務、角色扮演等方式,促進幼兒之間的交流與學習。(圖 5-3)

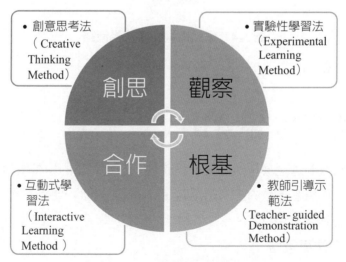

圖 5-3　幼兒視覺藝術教學方法

二、幼兒視覺藝術教學策略

幼兒視覺藝術教學策略對幼兒的成長影響深遠,有助於他們更好地理解世界和表達情感。透過多樣化的教學方法,我們能夠激發幼兒的創造力、觀察力和表達能力,讓他們在藝術創作中享受學習的樂趣(圖5-4)。

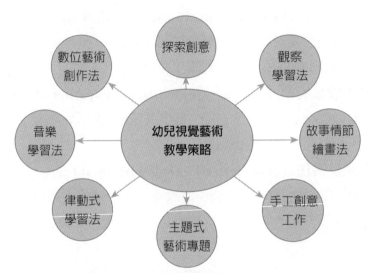

圖 5-4　幼兒視覺藝術教學策略

第四節 園所之經營特色

幼兒園教師透過藝術作品展示和欣賞,創建豐富的學習環境,鼓勵幼兒表達想法和感受。致力於打造溫暖、充滿愛的空間,展示幼兒的作品,讓他們感受到尊重和肯定。

(一) 教學方法與策略

在幼兒視覺藝術教學中,教師的角色至關重要,需要面對選擇適合幼兒年齡和發展水準的教學方法和策略的挑戰。

(二) 資源與設施

在幼兒視覺藝術教學中，確保充足的藝術資源和設施是一大挑戰，直接影響教師和幼兒的教學效果和學習體驗。有效管理和維護這些資源和設施，確保長期使用效益，是實現高品質幼兒藝術教育的關鍵。

(三) 理解與尊重個別差異

在藝術表現上，幼兒展現出多樣的個別差異。教師需具備良好的教學技巧和觀察力，以滿足每位幼兒的學習需求和個性特點。靈活運用教學方法和策略，了解幼兒的興趣、喜好和學習風格，建立良好師生關係，透過溝通調整教學內容。

(四) 家長與社區合作

家長和社區的合作對藝術教育至關重要，雖然面臨溝通和合作挑戰，卻能凝聚親情和溫馨。藝術教育不僅是學術，更是家長和社區參與幼兒成長的媒介，創造愛與溫暖的教育環境。

(五) 評價與回饋

有效評價和回饋幼兒的藝術作品是教學中的重要挑戰。教師需以敏銳觀察力和客觀態度評價作品，尊重創作特點，避免主觀影響，考慮年齡和發展階段，給予建設性回饋和具體建議。

(六) 跨學科整合

藝術教育與其他學科有機結合是豐富幼兒學習體驗、實現全面教育的重要策略，但實踐跨學科整合同時也面臨挑戰。教師需具備跨學科知識和靈活的教學策略，將藝術元素融入課堂，學校則應提供支持和資源，包括教學材料、專業培訓和合作溝通，以促進有效的跨學科教學實踐。

第五節 用OKR回應教學

未來的幼兒視覺藝術教學將聚焦整合真實生活體驗、操作學習和五官五感，並成為趨勢。透過真實生活體驗的融入，幼兒得以應用所學，培養實踐能力與藝術創造力，促進全面發展。

一、OKR 在教學中的實施

在幼兒視覺藝術教學中，OKR（Objective and Key Results，目標與關鍵成果）是一種工具，用於設立具體且可衡量的教學目標（O）和評估標準（KR）。目標是激發幼兒的創造力和自主表達，關鍵成果則包括多樣化的藝術作品數量、參與度和創意表現的成長指標。這些 OKR 幫助教師有效地追蹤和提升教學效果，並確保教學活動符合幼兒的學習需求與發展目標。

(一) 整合多元化學習體驗

幼兒視覺藝術教學將更加強調整合多元的學習體驗，包括融入眞實生活體驗、操作學習，以及五官五感的重要性。

(二) 探索創新教學方法

幼兒視覺藝術教學將不斷探索創新的教學方法和策略，以滿足不同幼兒的學習需求和發展水準。教師將會更加注重激發幼兒的創造力、觀察力和表達能力，並運用互動式學習、探索式學習等教學方法，提高幼兒的學習興趣和參與度。

(三) 強化跨學科整合

幼兒視覺藝術教學將進一步強化與其他學科的跨學科整合，促進幼兒在藝術創作中對其他學科知識的應用和理解。透過跨學科整合，幼兒將能夠在藝術創作中發展批判性思維、問題解決能力和創新能力，實現全面的素養提升。

未來幼兒視覺藝術教學將聚焦於整合多元化學習體驗、探索創新教學方法和強化跨學科整合三大面向。教學將融入眞實生活體驗、操作學習及五官五感的重要性，以滿足幼兒的學習需求。教師將不斷探索創新教學方法，激發幼兒的創造力和參與度，同時強調跨學科整合，促進幼兒在藝術創作中對其他學科知識的應用（圖 5-5）。

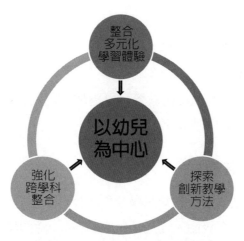

圖 5-5　強化跨學科整合趨勢面向

二、OKR 應用於幼兒藝術教學的實施

OKR 是一種管理方法，通常用於設定目標和衡量成果。將 OKR 應用於幼兒藝術教學可以幫助教學者更有效地管理和評估教學進程。

(一) 設定明確的目標（Objectives）

確保目標具體、可衡量和具有挑戰性，例如「提升幼兒對色彩認知的理解」或者「提高幼兒創意表達能力」。

(二) 制定關鍵成果（Key Results）

為每個目標設定明確的關鍵成果，這些成果應該可以量化或者具體描述，例如「每位幼兒每週完成一幅自由創作的畫作」或者「幼兒在一學期內能夠區分主要的色彩」。

(三) 定期評估和調整

每週或每月檢討進度，確保目標和成果符合幼兒的需求和發展。

(四) 鼓勵幼兒參與和回饋

讓幼兒參與設定小目標和評估進度，這有助於培養其自我監督能力和目標設定意識。

（五）**持續學習和改進**

根據評估結果調整教學策略和目標設定，確保每位幼兒的藝術發展都能得到適切的支持和指導。

透過 OKR 方法，幼兒藝術教學可以更加系統化和目標導向，有助於提升教學效果和幼兒的學習成效。

三、教學引導者之態度

教學引導者積極之態度對幼兒學習和成長有深遠影響，可激發興趣和潛力，建立包容性學習氛圍，促進幼兒全面發展，實現個人潛能。

（一）**積極的態度**

包括樂觀、鼓勵和支持幼兒，對解決問題持積極態度。

（二）**尊重和包容的態度**

尊重個體差異和多樣性，接納其獨特性，並考慮到其需求和背景。

（三）**啟發和鼓舞的態度**

激發幼兒的學習興趣和潛力，鼓勵其勇於嘗試、創新和發揮想像力，並提供積極的鼓勵和回饋。

四、生活中的美感教育

我們深知美感教育對幼兒的重要性，它不僅是藝術教育的一部分，更是日常生活中的態度和品味。未來，我們將以更敏感的眼光將美感教育融入到教學中，成為幼兒的美感引導者，設計豐富的活動引導他們感受自然和藝術，並促進親師溝通合作，培養他們對美的理解和欣賞能力。

五、心法需鍛鍊，應用方自如

在幼兒視覺藝術教學中，OKR 模式能夠清晰定義和量化目標，指導和評估教學效果，激發幼兒的創造力和自主表達。

六、創新前進

在幼兒視覺藝術教學中，OKR 模式明確定義和量化目標，指導評估教學效果。設定具體可衡量的教學目標和評估標準，激發幼兒創造力和表達能力，包括多樣化藝術作品和創意成長。這些 OKR 有助教師調整策略，滿足不同幼兒的學習風格，建立積極學習環境，促進全面發展和成就感。

本章討論問題

1. 探討幼兒視覺藝術教學中創造力的角色和重要性。論述創造力在幼兒視覺藝術教學中的作用，並探討如何透過多樣的藝術媒介激發幼兒的創造潛能和自主性。

2. 分析共備課在幼兒視覺藝術教學中的應用與效果。討論共備課作為創新教學方法如何促進教學者之間的合作與專業成長，進而提升幼兒的學習成效和創作能力。

3. 評估幼兒園 OKR 管理工具在教育目標達成中的效果和挑戰。分析 OKR 管理工具如何幫助幼兒園設定清晰的教育目標，並探討實施過程中可能面臨的挑戰和解決方法。

第六章

幼兒視覺藝術教學模式與策略

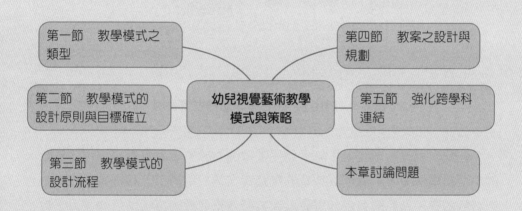

第一節　教學模式之類型

第二節　教學模式的設計原則與目標確立

第三節　教學模式的設計流程

幼兒視覺藝術教學模式與策略

第四節　教案之設計與規劃

第五節　強化跨學科連結

本章討論問題

　　在幼兒教育領域中，視覺藝術課程的設計不僅在於培養幼兒的創造力和表現能力，更是旨在啟發其認知發展和藝術欣賞能力（教育部，2017）。而美感教育為六大學習領域之一，重視幼兒探索、表現、創作和賞析等能力培養的重要性。課程設計應聚焦於促進幼兒在學習過程中的主動參與和合作精神，特別是透過 TBL 團隊合作學習法和 PBL 問題導向學習法，激發對美的敏感性和藝術熱愛（圖 6-1）。

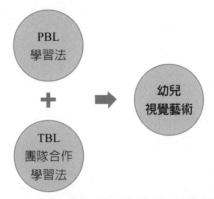

圖 6-1　PBL 與 TBL 導入幼兒視覺藝術

　　在觀察現況中，發現了許多幼兒園教師對於美感教育仍然停留在傳統的美勞繪畫框架，對於美感教育的實踐存在著一定的落差和挑戰。根據研究者的觀察，幼兒園教師在視覺藝術賞析教學與教師專業增能均需引入教學活水提升專業知能。

　　美感教育在幼兒教育中的地位、幼兒園課綱的指引、現況觀察和問題，以及教師專業知能和教材資源的補充，這些都是需要關注和解決的重要課題。

本章學習目標

1. 精進藝術表達多樣性認識的 PBL 與 TBL 學習策略整合。
2. 運用 PBL 與 TBL 策略培育引導者的創造性思維和想像力。

3. 促進美感培育與養成的反思、評鑑與合作互助策略。

第一節 教學模式之類型

一、教學模式的背景與需求分析

教學模式的背景與需求分析是指在建立教學模式之前，對教學環境、學生需求，以及教學目標進行深入分析和了解的過程。

(一) 外部 SWOTS 分析

教育機構背景和特色、現有教學資源和設施、教學人員的專業能力和資源，以及學生需求的 SWOTS 分析，如圖 6-2。

優勢
· 提供安全、溫馨的學習環境
· 園內教育理念清晰，師資優秀
· 擁有多元的教學活動和課程，包括視覺藝術教育

劣勢
· 設施可能有限，無法提供多樣化的視覺藝術教育資源
· 學習興趣和能力可能存在差異，難以滿足所有學生的需求

機會
· 幼兒對於新奇事物和遊戲有強烈的好奇心
· 幼兒對於自主性學習和探索有著天生的興趣

威脅
· 幼兒可能因個人差異而對某些教學主題或方法缺乏興趣
· 幼兒可能受到家庭和社會環境的不良影響

圖 6-2 SWOT 分析

(二) 內部 SOWTS 分析

以年齡、年級和學習能力的差異、學生的興趣和動機、學生的學習風格和需求為基礎的 SWOTS 分析，如圖 6-3。

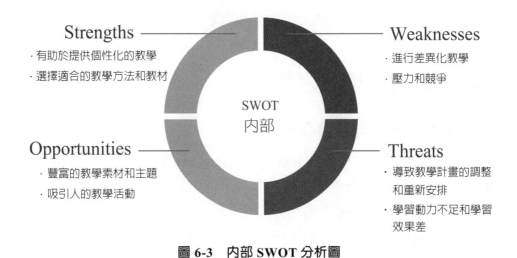

圖 6-3　內部 SWOT 分析圖

　　運用 PBL（problem-based learning）與 TBL 策略，不僅能深化學生對藝術表達多樣性的認識，也能有效培育他們的創造性思維、想像力以及美感素養，這些都是現代教育中不可或缺的重要元素。

　　在幼兒教育中，視覺藝術教學是探索世界和情感的重要手段。結合 PBL 和 TBL 策略，能有效促進多樣性理解、創造性思維、想像力及美感培育，並強調幼兒的主動參與和合作精神。這些策略不僅提升藝術理解和表達能力，還有助於他們在日常生活中發現和創造美。

二、深化對藝術表達多樣性的認識

　　在幼兒視覺藝術教學中，PBL 策略非常適合用來激發他們對藝術表達多樣性的探索。

　　在課堂上，透過「藝術大發現」活動，我們創造機會讓幼兒用自然材料如樹葉和石頭創作，體驗不同材料的獨特性。這不僅激發了他們對藝術的理解，也增強了感官經驗和動手能力。

三、培育創造性思維和想像力

PBL問題導向學習法在培養幼兒創造性思維和想像力方面相當重要。透過挑戰性的問題導向活動如設計「未來城市」主題，他們可以自由探索並表達創意。同時，TBL（團隊合作學習）策略強調小組合作的重要性。

四、促進美感培育與養成

在幼兒藝術教學中，透過反思和評鑑促進他們對藝術作品的理解和自我表達能力，設置藝術展示時間，讓他們分享創作並接受同伴回饋，培養批判性思維和鑑賞能力，同時強調合作互助的核心價值，豐富美感體驗。

五、善用與活用

古有云：「運用之妙，存乎一心。」教學者可以透過整合PBL和TBL策略，能有效地運用，方能促進幼兒在視覺藝術中的學習與成長。

㈠ 核心價值觀與視覺藝術教學的整合

在幼兒教育中，我們致力於培養他們的多元素養，包括創造力、想像力和美感。這些素養不僅支持個人全面發展，也是他們應對現代世界挑戰的關鍵。視覺藝術教學為實現這些教育目標提供了獨特平台，透過PBL和TBL等策略，我們能啟發幼兒的自主學習和合作精神，從而促進他們在藝術領域的全面發展和自我實現。

㈡ 深化藝術表達多樣性的理解

PBL策略在藝術教育中為幼兒提供了探索和表達多樣性的機會。透過提出開放性問題如「如果你是一種顏色，你會是哪種顏色？為什麼？」幼兒被鼓勵使用水彩、蠟筆、黏土等不同媒材來表達他們的觀點和情感。

㈢ 培育創造性思維與想像力

PBL策略在培養幼兒的創造性思維和想像力方面顯著有效，透過挑戰性問題設計如「我的夢幻樂園」，他們自由表達想像力，運用繪畫、建築或雕塑等形式創作。TBL策略則促進合作與團隊精神，每位幼兒在團

體創作中貢獻創意與技能，學習集體智慧中的解決方案，培養創造性思維和解決問題能力。

(四) 促進美感培育與養成

在視覺藝術教學中，美感培育和養成扮演關鍵角色。透過反思和評鑑，引導幼兒深入理解創作過程和成果。

(五) 內化後的活用

TBL 策略在培養美感方面扮演關鍵角色。透過合作創作，幼兒學會在團隊中發揮角色和貢獻，同時培養美感和欣賞能力。集體活動中，他們共同創造和發現美，學習如何欣賞他人作品的美，豐富藝術體驗，實踐共好核心價值。

整合 PBL 和 TBL 策略有效促進幼兒視覺藝術學習和成長，深化對藝術多樣性的理解，培養創造思維和想像力，並樹立有創意、敏感性和合作精神的基礎。

第二節 教學模式的設計原則與目標確立

教學模式的設計從確定教學原則和明確目標開始，確保教學活動效能。以學生為中心，尊重其學習風格和需求，促進自主學習和探究精神，提供實際應用場景，鼓勵學生在現實生活中應用所學知識（圖 6-4、表 6-1）。

| 學習導向 | 情境化設計 | 多元教學策略 | 教學目標明確 | 可評估性 | 適應性 | 持續改進 |

圖 6-4 教學模式的設計原則與目標確立前進流程

(一) 學習導向

教學模式的設計應以學生為中心，尊重他們的學習風格和需求，並促進自主學習和探究精神。「學習導向」方法強調學生主動參與學習，自主探索、發現和建構知識。

(二) 情境化設計

教學模式應提供具體學習情境和實際應用場景，讓學生能將所學知識技能應用於現實。

(三) 多元教學策略

多元教學策略如問題導向學習、合作學習、專題探究等，滿足不同學生學習需求和風格。

(四) 教學目標明確

教學目標的理論型定義強調教育標準和課程要求的一致性，包括知識、技能和態度三方面，教師需明確定義學生需達到的具體學習目標，並轉化為具體的教學活動和評估標準，以有效組織教學內容並引導學生的學習方向。

(五) 可評估性

教學模式設計需有清晰的評估標準和方法，以對學生學習進行評估和回饋。透過評估，教師了解學生進展及困難，調整教學策略和內容以提升效果。

(六) 適應性

教學模式應具靈活性和適應性，能根據學生反饋和實際情況進行調整和改進。設計不僅需考慮教學目標和內容，也需重視學生需求和學習狀況，及時修正教學策略和方法，以確保教學效果和學習適切性。

(七) 持續改進

教師應定期檢視教學內容和方法，根據實踐回饋調整教學模式，以提升教學效果和學生學習成果。

表 6-1　教學原則與目標

教學原則	目標
學習導向	以學生為中心，尊重學生的學習風格和需求，並促進自主學習和探究精神。
情境化設計	具體的學習情境和實際應用場景，將所學知識和技能應用到現實生活中。
多元教學策略	問題導向學習、合作學習、專題探究等，滿足不同學生的學習需求。
教學目標明確	知識、技能和態度方面的目標，確保這目標與教育標準和課程要求一致。
可評估性	明確評估標準和方法，進行評估和回饋，調整教學策略。
適應性	靈活性和適應性，根據學生的回饋和實際情況進行調整改進。
持續改進	持續改進、反思和優化教學內容和方法，提高教學與學生學習成效。

第三節 教學模式的設計流程

　　教學模式設計是教學計畫中不可或缺的步驟，為教學活動提供結構和指導，從明確教學目標出發，考慮教育標準和學生背景，採用多樣策略如問題導向、合作學習，最終透過評估了解學生學習情況，促進教學效果和學生全面發展。

　　教學模式設計流程是系統性步驟，確保教學活動達到預期效果並具實際成效。依據行動研究的四階段發展出以下六個步驟：

(一) 問題確定與目標設定

　　確定研究的主題和目標，明確研究的問題及解決的議題。

(二) 文獻回顧與資料蒐集

　　回顧相關的文獻和研究資料，了解先前的研究成果和相關理論，以及幼兒視覺藝術領域的現狀和趨勢。

（三）**研究設計與方法選擇**

　　設計研究的架構和方法，包括研究的範圍、對象、研究方法和數據蒐集方式等。

（四）**編寫教案與實施**

　　根據研究設計，透過觀察幼兒的視覺藝術活動、進行訪談或問卷調查等方法，蒐集相關資料進而編寫教案與實施。

（五）**結果討論與解釋**

　　將研究結果進行討論和解釋，分析研究結果的意義和影響，並探討可能的解釋和後續的研究方向。

（六）**研究報告與知識分享**

　　撰寫研究報告或論文，將研究成果進行整理和彙報，並進行學術交流和知識分享。（圖 6-5）

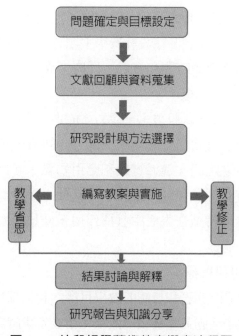

圖 6-5　幼兒視覺藝術教案撰寫流程圖

第四節 教案之設計與規劃

教案設計與規劃在教育實踐中至關重要，確保教學的順利進行和有效達成學習目標。精心設計的教案包含教學內容、時間分配、教學對象、方法及課程目標，這些元素交織出完整的教學架構。

一、有關教案之內容

(一) 確定教學單元和主題

首先，確定教學的單元或主題，這可以根據教學計畫、課程要求或幼兒的學習需求來決定。

1. 明確教學單元和主題：在教案撰寫之初，教師需確定教學的單元和主題。教學單元是教學活動的基本單位，主題則是其核心內容或焦點。

2. 對應幼兒需求：確定教學單元和主題後，教師需進一步安排教學目標、教學內容和資源，以及教學活動，確保結構性和效益。

3. 主題的設計和開展性：教師在設計教學主題時，需根據目標特點，設計活動和任務，因應教學時間和資源。同時考慮幼兒需求，設計吸引挑戰性活動，激發學習動機。

4. 延伸永續性：「知識要跳脫書本，能力才能進入生活。」知識不僅存在於書本中，它應該是我們生活中的一部分。知識就像是一把鑰匙，能夠打開我們的智慧之門。透過實踐和應用知識，我們才能真正掌握並轉化成生活的寶貴經驗。教學設計中的延伸永續性概念確保學習不僅限於課堂，而是能持續在生活中發揮作用，像種下的種子不斷成長，為未來學習奠定基石。

(二) 設定教學時間和目標

確定清晰的教學時間表和具體的教學目標（包括課程和學習目標），以確保順利進行教學活動並達成預期效果。精心安排時間和明確的目標設定是保證教學成功的關鍵步驟。

1. 時間的掌握：教學時間的合理安排有助於保持教學活動的節奏和效率，讓幼兒在適當的時間內掌握所需的知識和技能。

2. 明確的課程目標和學習目標：確立有助於教學者更好地了解教學的重點和內容，同時也能夠幫助幼兒明瞭自己的學習目標，更加有針對性地進行學習。

(三) 編寫教學內容和活動

根據教學目標和主題，編寫具體的教學內容和活動，包括教學重點、教學步驟、教學方法、教學資源等。

1. 內容：根據教學目標和主題，精心選擇相關的教學內容，符應幼兒的年齡、興趣和能力相符合。

2. 對象：明確界定教學活動的對象，包括年齡、學習能力和學科背景等方面的特徵，以便調整教學策略和方法。

3. 領域：確定教學活動所涉及的學科領域或主題範疇，協調組織架構與安排相關的教學內容。

4. 課程目標：《幼兒教保活動課程大綱》（教育部，2017）中，美感教育的領域目標包含：(1) 喜歡探索事物的美；(2) 享受美感經驗與藝術創作；(3) 展現豐富的想像力；(4) 回應對藝術創作的感受與喜好，呼應著美感的定義以及美感教育中長程目標。依據領域內涵所述，亦同時在培養「探索與覺察、表現與創作、回應與賞析」等三項能力，促進幼兒在美感領域的學習面向方面，將美感的經驗正面連結，並樂於從事有關美感的活動，以達到所謂「情意」的學習；同時，在引導幼兒探索與覺察的過程中，透過視覺、聽覺、戲劇扮演等「藝術媒介」，協助幼兒能夠感受、創作、賞析及回應美感的活動，進而達成課程目標。

美 -1-1　體驗生活環境中愉悅的美感經驗。

美 -1-2　運用五官感受生活環境中各種形式的美。

美 -2-1　發揮想像並進行個人獨特的創作。

美 -2-2　運用各種形式的藝術媒介進行創作。

美 -3-1　樂於接觸多元的藝術創作，回應個人的感受。

美 -3-2　欣賞藝術創作或展演活動，回應個人的看法。

5. **學習指標**：例如「美 - 小 -1-1-1」，第一個文字「美」表示美感領域。第二個文字表示所屬的年齡層，幼、小、中、大分別爲幼幼班、小班、中班及大班。第三位數字表示美感的能力，1 表示「探索與覺察」、2 表示「表現與創作」、3 表示「回應與賞析」。第四位數字表示學習面向，1 是指「情意」面向、2 是指各種「藝術媒介」面向。第五位數字則表示各學習指標的流水編號。其中箭號表示延續前一個年齡階段的學習指標（教育部，2017）。

6. **活動目標**：活動目標是在教學活動中，希望幼兒能夠在特定時間內實現的具體目標或成果。這些目標通常是爲了達成課程目標而設定的，在特定活動中可以量化和實現。

（四）設計學習評量方式

　　作爲幼兒視覺藝術教學者，重視精心設計的學習評量方式，考量幼兒的年齡、發展階段和獨特特徵，包括觀察描述、口頭交流、專案評量和專業工具等多樣方式，以支持個別化指導和全面的學習評估。

1. **觀察和描述**：教師可以觀察幼兒創作的藝術作品，描述作品的特點、顏色、形狀、線條等，並記錄下來。這有助於了解幼兒的創作能力和表現。

2. **口頭評價**：教師可以與幼兒進行口頭交流，詢問他們創作作品的意圖、過程和想法。透過對話，可以深入了解幼兒的藝術觀點和創意思維。

3. **作品集和文件**：建立幼兒的藝術作品集和文件，記錄他們的創作歷程和成果。這有助於追蹤幼兒的發展，並提供客觀的評估依據。

4. **專案評量**：教師可以設計藝術專案，要求幼兒完成特定的藝術任務或項目。透過評估專案的完成情況和成果，來評估幼兒的藝術表現。

5. **對話和訪談**：與幼兒及其家長進行對話和訪談，了解他們對藝術的興趣、喜好和態度，並從中獲取有價值的評估資訊。

6. **專業評估工具**：使用特定的藝術評估工具或量表，對幼兒的藝術表現進行評估。這些工具可以提供客觀的評估指標，有助於教師進行系統化的評估和分析。

(五) 提供引起幼兒興趣的活動

在教學設計中，重視吸引幼兒注意力和激發學習興趣的活動至關重要。這些活動不僅激發好奇心和求知欲，還提升學習投入度，使教學更生動有吸引力。有效的活動設計能啟發幼兒學習熱情，促進全面發展。

1. 引起動機：活動設計應該能夠引起幼兒的興趣和好奇心，讓他們願意參與並投入到學習活動中來。這可能涉及到使用生動有趣的教具、引用具有吸引力的故事情節或概念，或者透過有趣的分組活動，以激發幼兒的興趣。學習動機（motivation to learn）是引發幼兒認真學習之原動力，更是正式教學活動的首要步驟。「學習」是指個體經由長期練習或經驗累積，讓其行為產生較持久的改變過程（張春興，2001）。為提升幼兒學習成效，積極性的作為即是提出有效的策略方法，激發他們的學習動機。

   (1) 需求層次理論（Maslow's Hierarchy of Needs）：由 Maslow（1943）提出，認為人類的需求可分為生理需求、安全需求、社交需求、尊重需求和自我實現需求五個層次。

   (2) 成就動機理論（Achievement Motivation Theory）：由 McClelland（1961）提出，成就動機理論認為個人的成就水準與抱負水準高低有關。意即個人的行為和努力是為了達成成就感、能力和對成功的渴望。教學者可以提供具有挑戰性的學習機會，以滿足這群幼兒的成就需求。

   (3) 自我效能感理論（Self-Efficacy Theory）：由 Bandura（1977）提出，強調個人對自己能力的信心和評價對行為和學習的影響。自我效能感會影響個人的目標設定、努力程度以及對困難和挫折的應對方式。幼兒對自己的能力有信心，通常更能夠克服困難並有較高的學習動機。鼓勵幼兒建立積極的自我效能感，提供適當的支持和回饋，有助於促進他們的學習動機。

   (4) 動機成就理論（Attribution Theory of Achievement Motivation）：由 Weiner（1985）提出，主要關注個人對自己成就或失敗的歸因方式，

以及這些歸因對未來行為和學習的影響。根據這一理論，個人的成功或失敗歸因於內在因素、外在因素或幸運等，會影響他們的動機和表現。幼兒在玩積木時，根據自我認知，認為成功與失敗的原因會影響他們的動機和反應，激發積極嘗試或尋找新方法。這就是歸因方式的影響：幼兒認為自己的努力可以改變結果，他們就會更有動力學習，並且對於學習中的挑戰更有信心。

2. 發展活動：活動設計應該有助於幼兒的知識和技能的發展。透過適當的教學方法和學習活動，幼兒可以逐步掌握重要的概念和技能，並建立起他們的學習基礎。

3. 統整活動：活動設計應該是整體教學計畫的一部分，與課程目標和學習指標相關聯。活動應該能夠幫助幼兒實現預定的學習目標，並能夠與其他學習活動相互結合，形成一個完整的學習體系。

(六) **整合教學資源和準備教材**

　　準備教學所需的資源和教材，確保教學過程順利和有效實施。整合教學資源和準備教材是教學設計不可或缺的步驟。透過適切的準備，教師能有效進行教學活動，使教學生動豐富，並滿足幼兒多樣的學習需求。

(七) **撰寫教學步驟**

　　教學步驟及重點，包含教學中需特別注意事項和內容要點，指導教師操作。強調教學策略、理論及學習原則，提供具體步驟、指導與實踐建議。

1. 確定合適的小組組成，讓幼兒之間能夠互補和合作。

2. 提供清晰的工作任務和目標，讓幼兒知道他們需要達成的目標是什麼。

3. 提供有效的溝通，鼓勵幼兒互相交流和分享想法。

4. 引導與陪伴幼兒的合作過程，解決可能出現的問題並提供支持。

5. 評估學習成效，幫助幼兒從中學習並不斷改進。

(八) **寫下教學反思和改進建議**

　　在教案中留出空間，供教師記錄教學反思和改進建議，以便未來教學改進和提升。教學反思是教師評估教學過程和效果的重要步驟，包括回顧

挑戰、幼兒反應及教學方法有效性，同時分析幼兒學習情況，確保達成預期學習目標。

1. 教師基於教學反思提出改進建議，包括調整教學方法和內容，並探討如何運用資源和技術提升教學效果和幼兒參與度。

2. 檢核模式：自我檢核模式由內部執行，以確保遵循標準和流程，提升品質和效能；外部檢核模式則由外部進行，以確保符合外部標準和要求，提供獨立評估和建議；而互評檢核模式則強調相互學習、交流和改進，涉及雙方的審查和評估。

二、教案的格式

教學模式設計關鍵在於有效引導幼兒達成目標，包括教學單元、時間分配、學生特點、教學領域和評量策略。

表 6-2　教案格式

教學單元		設計者		
教學活動		教學時間	分鐘	
教學對象		教學日期	年　月　日	
領　　域				
課程目標				
學習指標				
活動目標				
評量內容		教學媒體		
教學活動		教學資源	時間	評　量
一、引起動機 二、發展活動 三、統整活動				

幼兒園主任：　　　　　　　　　　　　　校長：

第五節 強化跨學科連結

　　教學模式設計中加強跨學科連結，將不同學科領域相關知識和技能有機結合起來，促進幼兒跨學科思維和能力的發展。透過跨學科教學，可以提高幼兒的整體理解能力和應用能力。

(一) 幼兒學習中的跨學科連結

　　透過跨學科教學，幼兒在創作藝術作品時能同時涉獵科學、數學、語言等多學科知識領域。例如教學者在引導幼兒探索顏料時，不僅促進色彩的美感教育，還進行顏色混合的科學探索，使幼兒能夠觀察顏色的變化和學習混合顏色的方法。

(二) 跨學科教學對幼兒的意義

　　跨學科教學對 2 至 6 歲幼兒的學習至關重要，使其在探索視覺藝術的同時能夠整合科學、數學、語言等多學科知識與技能。這種教學模式豐富了幼兒的學習體驗，並促進了其綜合發展與應用能力的提升。

(三) 促進幼兒綜合發展的跨學科教學

　　透過跨學科結合，幼兒在創作中培養創造力和思維靈活性，同時深化對學科知識的理解與應用，激發學習興趣，促進全面成長，提升在視覺藝術領域的表現能力和美感素養的根基。

(四) 展望

　　強化跨學科連結，為幼兒提供豐富的學習體驗；結合多元學科知識，激發創造力與解決問題能力；透過視覺藝術的探索，幼兒在美感教育中全面發展，奠定未來學習與成長的堅實基礎。

本章討論問題

1. 如何運用視覺藝術空間規劃與教學九宮格來提升幼兒的藝術欣賞與表現能力？

2. 評估 PBL 或 TBL 策略在幼兒視覺藝術教育中的運用效果實例，如何促進幼兒創造力與美感敏感性的培養？

3. 分析教學模式的背景與需求分析如何支持幼兒全面發展，特別是在深化對藝術表達多樣性認識方面的作用。

第七章

幼兒視覺藝術好好玩

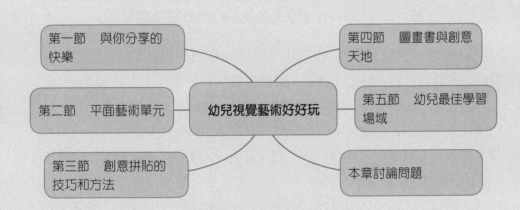

第一節　與你分享的快樂

第二節　平面藝術單元

第三節　創意拼貼的技巧和方法

幼兒視覺藝術好好玩

第四節　圖畫書與創意天地

第五節　幼兒最佳學習場域

本章討論問題

　　在幼兒教育中，融入六大核心素養是教師的首要任務，爲幼兒全面發展奠定堅實基礎。包括覺知辨識、表達溝通、關懷合作、推理賞析、想像創造與自主管理，促進其藝術學習中的全面發展，爲未來成長奠定堅實基礎。這可以透過 ADDIE 模式的有效應用來實現（圖 7-1）。

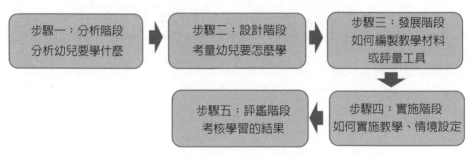

圖 7-1　以 ADDIE 教學設計模式架構幼兒工作課程

　　ADDIE 教學設計模式透過分析、設計、開發、實施和評估階段，系統性地設計和實施幼兒工作課程，以確保教學的全面有效性和持續改進。

　　透過這樣的教學設計模式，我們可以使教學得以流暢和直觀，以及精準掌握教學時間。透過對照學習目標，我們可以確保教學活動符合幼兒的學習需求和發展階段。相關研究有以 van Hiele 幾何思考層次理論，透過 ADDIE 模式設計幼兒桌上遊戲，有助於提升幼兒對幾何概念的理解（翁巧芬，2014）。以及透過 ADDIE 模式，幼教師系統性地設計、實施、評估紙影戲探究教學活動，提升教學效果，豐富滿足幼兒的學習需求（卓秀枝，2021）。上述相關研究透過 ADDIE 教學設計模式，建立系統性教學流程，涵蓋分析、設計、開發、實施和評估各階段，確保教學一致性和有效性，促進幼兒全面發展並提升教育品質。

本章學習目標

1. 啟發幼兒對藝術的興趣和熱愛。
2. 培養幼兒的想像力和創造力。
3. 發展幼兒的美感和表達能力。

圖 7-2　藝術好好玩學習目標

第一節 與你分享的快樂

在藝術教育中，我們如同探險家，探索各種形式和表達方式。藝術不僅存在於畫布上的顏色和線條，更像是一場魔幻的旅程，引領我們穿越情感的海洋、思想的世界，以及文化的繁花盛景。藝術從古至今在我們生活中閃耀，啟迪心靈，豐富感官，啟發對世界的探索和思考。在這五光十色的藝術世界中，色彩是充滿多元表現的存在，不僅點綴作品，更是情感的傳達者和思想的詩意為藝術旅程添上一抹繽紛色彩！

一、藝術是什麼？

跟幼兒講述藝術是一個挑戰，因為他們的認知和理解能力還在發展階段，對抽象概念的理解可能有限。對於幼兒，介紹藝術概念需要簡單、直觀的方法，並融入視覺、聽覺、觸覺、嗅覺等五官五感的體驗，以及情感上的觸動，透過圖卡、真實情境和遊戲等方式來呈現。藉此，幼兒能夠在輕鬆愉快的氛圍中，理解藝術的意義和樂趣。

透過簡單的圖卡、真實情境和遊戲，我們向幼兒介紹藝術的多樣性更容易一些。使用豐富的圖片和視覺素材展示不同顏色、形狀和線條的圖

畫，並以簡單的語言解釋情感和想法，使他們在愉快氛圍中對藝術產生興趣，並深入理解與感受藝術的魅力。

二、藝術的形式和表現方式

為了讓幼兒了解藝術的形式和表現方式，我們可以採用簡潔且直觀的方法。透過使用圖卡、真實情境和遊戲等工具，引導幼兒接觸不同類型的藝術作品。

透過圖卡、情境和遊戲，引導幼兒接觸多樣藝術作品如圖畫和音樂，並體驗不同材料的觸感。

(一) 色彩的魔術師

在幼兒園寬敞安全的地板上，幼兒用繽紛的彩色粉筆自由地繪畫，這種活動不僅充滿了童年的樂趣，也符合《幼兒園教保活動課程大綱》的六大核心素養：

1. 覺知辨識：幼兒透過選擇和使用不同顏色的粉筆，提升了對色彩、形狀和圖案的敏感度，同時增強了他們的視覺感知和周圍環境的覺察力。

2. 表達溝通：幼兒在繪畫過程中透過色彩和線條表達想法和感受，增強了語言表達能力和符號使用技能，對溝通技巧有重要促進作用。

3. 關懷合作：幼兒透過創作和分享作品，學會尊重和欣賞彼此的創意，並培養了合作和團隊精神，提升了社會意識和合作能力。

4. 推理賞析：幼兒在創作中思考色彩搭配和圖像構建，鍛鍊了他們的邏輯思維和推理能力，同時提升了對藝術與美學的欣賞能力。

5. 想像創造：自由的繪畫活動讓幼兒充分發揮想像力，無拘束地創造新形象和場景，激發創造力並培養獨特思維與創新能力。

6. 自主管理：幼兒在決定如何開始和完成他們的作品時，學會了規劃和自我管理。他們需要控制粉筆的使用和繪畫的進度，這幫助他們發展了自律和自我管理的技能。

(二) 回應眞實體驗與感受

在幼兒園的空曠地板上，幼兒用彩色粉筆創作出充滿童趣的畫作，不僅表達內心世界，也是探索和發現的冒險。

(三) 眞、善、美——體現與感動

在幼兒園的彩色粉筆創作中，感受到幼兒純眞的「眞」、善意的「善」和創作中展現的「美」。他們用心靈感受色彩，用無限想像力描繪內心眞實和夢想，每一筆都是眞誠的表達。

表 7-1 對應核心價值

	教學者	幼兒	核心價值
藝術是什麼？	感受、啟發	感受、表達	美
藝術的形式和表現方式	操作、轉換	操作、體驗	眞
藝術對生活的意義和影響	內化、外顯	潛在課程	善

第二節 平面藝術單元

觀察幼兒使用線條表達情緒，他們通常透過顏色和線條特徵展現內心感受。較暗色彩和混亂線條可表達悲傷或焦慮，明亮色彩和流暢線條則顯示快樂或平靜。支持幼兒情感表達需建立安全環境，提供多種繪畫工具，鼓勵自由表達。

一、認識線條

(一) 探索不同種類的線條如直線、曲線、垂直線、水平線等。
(二) 辨認日常生活中各種線條的應用和特徵。

二、幼兒情緒與線條表現

課程步驟如圖 7-3。

圖 7-3　認識線條課程之流程步驟

(一) 觀察

觀察幼兒用線條表達情緒，是了解他們內心世界的重要方式，透過顏色、線條特徵和繪畫主題的選擇，我們可以洞察到他們可能的情感狀態，這是幫助他們找到情感表達替代方式的核心。

(二) 引導

幼兒將情感轉化為線條表現，並透過繪畫等活動表達出來。建立一個溫馨和支持的環境為首要之條件，讓幼兒感到安全和放鬆。

(三) 實施

透過示範不同的線條和顏色來表達情感，例如曲線表示快樂、急促的線條表示憤怒，或輕柔的筆觸表示悲傷，並提供多樣的繪畫工具，鼓勵幼兒自由表達情感。引導者觀察和指導他們的創作，幫助他們理解自己情感的表達方式。

(四) 發展

透過深入的討論和引導，幼兒能將內心情感轉化為藝術作品，培養情感表達能力和創造力，例如地上海報或多色粉筆塗鴉。

(五) 評鑑

在視覺藝術活動中，使用數位記錄幼兒的學習成果是一種有效策略，透過照片、影片和文字描述詳細捕捉和保存他們的創作過程及作品，

以直觀評估其藝術技巧、創造力和情感表達能力，並促進家校合作與教學評估。

三、利用不同顏色的材料進行繪畫和拼貼活動

提供各種顏色的紙張、繪畫工具和拼貼材料，鼓勵幼兒使用這些材料來探索線條的美感和表現力。

四、線條和形狀在藝術中的表現方式

引導幼兒探索線條和形狀在藝術作品中的應用和意義，鼓勵他們嘗試使用這些元素創作自己的藝術作品，並逐步引導他們從平面創作轉向立體創作。

五、線條塗鴉

在牆上或地板貼上大型畫布／紙張，讓幼兒用彩色粉筆或油漆隨意塗鴉，創作出充滿線條的抽象藝術作品。亦可帶領他們使用彩色粉筆，妝點大地繽紛色彩。

第三節　創意拼貼的技巧和方法

本節探討創意拼貼技巧和方法，促進幼兒藝術表達全面發展，包括繪畫、手工藝和設計等範疇，透過多材料組合創造視覺吸引力，培養情感表達、想像力和觀察力，同時促進手眼協調、創造思維和藝術品味的成長。

一、拼貼的概念

熟悉材料是進行創意拼貼的基礎。掌握拼貼的核心概念並爲幼兒提供各種不同類型的材料，包括紙張、布料、羽毛、線條、貼紙等，以清晰口語說明它們的特性和應用方法。探究幼兒拼貼創作情況，利用圖畫故事

書的欣賞提升幼兒想像力及拼貼能力（沈佳蓉，2006）。透過對材料的認識和理解，幼兒能夠更自由地發揮創意，創造出具有多樣性和豐富性的作品。

二、拼貼的操作

(一) 確認熟悉材料

介紹各種可用於拼貼的材料如紙張、剪刀、膠水、毛線等，並說明它們的特點和用途。

(二) 創意思維

鼓勵幼兒放開想像力，提供不同主題和題材的啟發，讓他們自由發揮創意，創作出獨特的拼貼作品。

(三) 色彩搭配

教導幼兒選擇和搭配不同顏色的材料，創造出和諧、美觀的色彩組合，並學習色彩的基本理論。

(四) 圖案設計

引導幼兒探索不同形狀和圖案的組合方式，學習如何排列和調整拼貼材料，創作出有趣的圖案和設計。

(五) 操作

教授幼兒基本的拼貼技術如剪紙、黏貼、編織等，並指導他們如何安全地使用工具和材料。

(六) 故事情節

鼓勵幼兒利用拼貼作品設計故事情節，將不同的圖案和圖像組合成有意義的故事場景，培養其語言表達和敘事能力。

(七) 評估和修正

引導幼兒自我評估拼貼作品，討論其優點和改進之處，並鼓勵他們在創作過程中不斷嘗試和修正。

(八) 展示和分享

安排展示時間，讓幼兒展示自己的拼貼作品，並分享創作過程和心得，促進互相學習和交流。

(九) 實務教學經驗分享

引導幼兒學習創意拼貼的技巧和方法，啟發其想像力和創造力，並豐富其藝術表達能力。

三、拼貼在幼兒視覺藝術課程中的應用

在幼兒視覺藝術課程中的實際應用中，教師可以提供各種顏色和形狀的紙張、剪刀、膠水等材料，讓幼兒自由地創作拼貼作品。活用生活素材的拼貼，重在引導幼兒靈活發揮創意。這不僅是技巧的學習，更是心靈與表達的溝通橋梁。透過多樣化的主題和材料，幼兒得以展現獨特的想像力與觀察力，同時培養了對色彩和形狀的敏感性，為他們的藝術表達能力奠定了堅實基礎。

第四節 圖畫書與創意天地

圖畫書在幼兒教育中扮演著重要角色，透過生動圖像和故事內容啟發幼兒的創意思維和想像力，強化他們的圖像式思考能力，並將抽象概念具體化，幫助他們將書中的情節與生活連結，豐富學習經驗，激發藝術創作的深度與廣度（圖 7-4）。

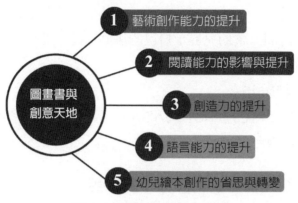

圖 7-4　圖畫書與創意天地

一、藝術創作能力的提升

　　繪本教學對幼兒的美感、表現力及藝術理解有積極效應。繪本教學被認為是提升幼兒美感與藝術表現的有效途徑，同時也突顯了教學者專業知能對幼兒藝術教育的重要性。古芷婷（2021）繪本教學增進幼兒藝術創作能力之研究，發現繪本教學對其影響涵蓋了藝術創作能力之提升，更具體表現在美感、表現力及藝術理解等方面皆呈現積極效應。透過深度閱讀繪本，幼兒探索多樣繪本風格，理解情感表達與藝術涵義，並在教師啟發下融入個人創作，展現出卓越想像力和創造力。這種啟發不僅提升幼兒的美感與審美能力，還深化他們對色彩、線條及形式的感知，豐富其藝術體驗，並激發對藝術的熱愛與探索精神。

二、閱讀能力的影響與提升

　　繪本教學融入閱讀活動有助於培養幼兒的閱讀習慣，並在語文學習中有效改善並激發幼兒對閱讀的興趣。另外，設計延伸活動能提升幼兒的圖像表達能力，更有助於有效促進幼兒的閱讀理解力的提升。曾莉蓁（2010）幼稚園師生共讀應用於幼兒藝術學習之研究，以及黃寶萱（2023）以繪本教學提升幼兒閱讀素養之行動研究，發現繪本教學對幼兒閱讀能力的提升在幼教教學實踐中擔任著重要的角色。透過導入繪本於教

學活動中，幼兒得以在豐富的視覺圖像和故事情節中展開閱讀之旅。繪本教學豐富了學習環境，激發幼兒學習興趣，培養閱讀習慣和理解能力，同時促進語文素養和情感智慧的發展，全面支持幼兒的成長。因此，繪本教學是一種極具價值和成效的教學方法，對幼兒的閱讀能力和全面發展具有重要意義。透過參與式繪本創作有助於幼兒口語表達力的提升（周敬模，2024）。

三、創造力的提升

趙梅音（2009）繪本情境融入幼兒體能課程對其創造力影響之研究，以及賴志祥（2024）圖畫書融入幼兒藝術教學多感官教學系統設計之行動研究，發現在創造力、變通力和獨創力等方面均顯示能有效提升幼兒的肢體創造力表現。

四、語文能力的提升

陳雅莉（2023）以繪本教學活動提升幼兒語言表達能力之行動研究，發現繪本教學對幼兒的創造力提升具有顯著效果。

五、幼兒繪本創作的省思與轉變

幼兒繪本創作的省思與轉變包括以下幾個方面：

（一）**情感表達與理解能力的提升**

幼兒透過繪本創作可以表達和理解各種情感如喜怒哀樂，進而培養情感表達的能力和情感智慧。

（二）**語言和認知能力的發展**

創作過程中，幼兒需要用語言描述和解釋他們的想法和故事情節，這有助於語言能力和認知能力的發展。

（三）**創意思維和問題解決能力的鍛鍊**

幼兒在繪本創作中面對各種情節和角色設計，需要展現創意和解決問題的能力，這培養了他們的創意思維和靈活性。

(四) 社交技能和合作精神的培養

在集體創作或與他人分享作品的過程中，幼兒學會了與他人合作、分享想法和接受他人意見，這有助於社交技能的發展和合作精神的培養。

(五) 自信心和學習動機的提升

成功完成一本繪本作品後，幼兒獲得的成就感和自信心能夠激發他們對學習的更多興趣和動機，積極參與未來的學習活動。

幼兒繪本創作促進情感表達和解決問題能力，對整體成長和學習旅程有相當大的助益。

第五節 幼兒最佳學習場域

自然環境是幼兒美學探索和環保意識啟發的理想場所。透過自然觀察和體驗，幼兒不僅增強感官體驗，還豐富情感和創造力。教師的引導至關重要，既激發幼兒對自然美的好奇心，也培養他們的環保意識，教導珍惜和保護自然。

一、感官體驗與表達

(一) 觀察與引導

教師應鼓勵幼兒仔細觀察自然景色和生物，並透過提問和引導幫助他們發現自然界的細節和美妙之處。

(二) 啟發想像與創造

幼兒的創造力可以透過藝術表達得到極大的發揮。教師應激發幼兒將觀察到的自然美景和生物以繪畫、手工等形式創作出來，讓他們將所見所感轉化為具體的藝術作品。

(三) 提供豐富的素材和資源

教師應提供多樣的自然素材和資源如風景照片、植物標本和動物圖鑑，豐富幼兒的觀察和創作過程，激發他們的學習興趣和創作靈感。

(四) **鼓勵和讚美**

在幼兒完成藝術作品後，積極的鼓勵和肯定能增強他們的自信心，激勵他們勇於表達創意和感受。

(五) **創造豐富的學習環境**

教師應創造一個充滿探索和表達機會的學習環境，提供足夠的時間和空間讓幼兒自由地發揮想像力和創造力。這樣的環境能夠促進幼兒在藝術創作中的自主性和創新能力。

二、素材蒐集與再利用

教師應鼓勵幼兒在日常生活中蒐集環境中的自然素材，例如樹葉、花瓣、小石子等，並將這些素材運用於藝術創作中。同時，透過教導他們環保知識，使幼兒意識到再利用和回收利用自然素材的重要性。

(一) **自然主題的藝術活動**

教師可以組織各種與自然相關的藝術活動，例如戶外觀察、在自然環境中的繪畫和製作自然主題的拼貼畫等。這些活動能夠激發幼兒對自然的熱愛和創造力，讓他們在與自然的互動中發現和表達自然的美。

(二) **環保意識小尖兵**

在藝術創作中融入環保教育，能讓幼兒理解珍惜自然資源和保護環境的重要性。透過使用回收材料或自然物品進行創作，幼兒不僅能發揮創意，還能體驗資源循環利用的重要性。這種方式不僅增強了幼兒的環保責任感，還使他們在日常生活中實踐環保行為，促進了環境保護意識的培養。

(三) **融入在地文化**

教師可以結合當地傳統節慶、民間故事、藝術、音樂及手工藝，以 ADDIE 模式設計互動性活動，教導幼兒製作地方特色手工藝，學習地方語言、歌謠，讓幼兒在遊戲和探索中理解並認同本土文化。

㈣ 生活中的素材：融入幼兒教學的創新途徑

教師可以透過觀察和利用周遭環境、家庭和社區中的素材，爲幼兒創造豐富多彩的學習活動。這些素材包括家庭物品、季節變化和自然生態等，能夠激發幼兒的學習興趣和想像力，並促進他們在自然、藝術和科學等各個領域中的知識和技能發展。

㈤ 觀念的轉變

教師靈活運用創意教學，幼兒透過親身體驗和實務操作，不僅培養他們的觀察力、問題解決能力和創造力，還能加深他們對周圍世界的理解。

三、生活化教學：融入社會文化的教育實踐

教師應引導幼兒理解社會文化，對情感共鳴和社會情感發展至關重要。透過角色扮演、遊戲模擬和實地考察，讓幼兒體驗社會文化的多樣性和魅力。

㈠ 遊戲模擬激發創造力

遊戲模擬讓幼兒透過眞實的社會場景如市場交易或社區活動，學習社會規範和文化習俗，培養社會適應能力和問題解決能力，同時激發創造力和想像力。

㈡ 戶外教育實地踏查

實地走讀踏查，讓幼兒直接觀察和體驗社會文化，例如博物館、歷史遺跡或文化展覽，豐富其文化理解和社會責任感，同時擴展其視野和歷史興趣。

㈢ 社會情感和價值觀的發展

透過這些生活化的教學策略，幼兒在眞實的社會情境中體驗和理解不同文化和社會現象，培養情感共鳴和社會情感。

四、環境教育：啟發幼兒環保意識的生活實踐

透過環境教育，教師可以引導幼兒認識和理解環境問題，並透過實踐活動讓幼兒體驗到環保行為的重要性。

（一）課程評估

為了達到藝術課程預期的教學效果，教師可進行系統性的評估和檢核。這樣的評估包括目標與標準的確立、課程設計與執行的評估、幼兒學習成果的評估、反思與改進的評估，以及家長和社區的參與與評估。

（二）目標與標準的確立

在課程評估中，確定具體且可量化的教學目標和標準至關重要。這些目標指導教學策略，作為評估藝術課程成效的基準，並有助於持續改進教學成效。

（三）課程設計與執行的評估

評估藝術課程應全面檢視課程設計及執行，確保符合幼兒發展特點和教學目標。重視教學策略和方法的效果，以支持幼兒學習需求，並提供改進策略，指導教師實現預期教學目標，促進幼兒全面發展。

（四）幼兒學習成果的評估

藝術課程評估要看幼兒的參與度、創意和技術表現。教師可以用作品集、評量表和觀察紀錄來全面了解幼兒的進步，並給予有效的回饋和指導，幫助他們在藝術上全面發展。

（五）反思與改進的評估

課程評估應該是個循環的過程，包括反思和改進。教師要定期檢查課程，發現問題後及時調整，這樣才能提升教學質量和達到目標。持續反思和改進能更好地滿足幼兒需求，提升教學效果。

（六）家長和社區的參與與評估

家長和社區是幼兒學習的重要支持者，教師應該積極邀請他們參與到課程的評估和改進中。

五、藝術創作的啟發與表達

探索藝術創作如何深化幼兒對自然的理解。教師透過繪畫、雕塑等藝術形式，引導幼兒表現自然觀察，將細節和美感轉化為作品，啟發對自然多樣性的理解和欣賞。

(一) 教師的引導

教師透過藝術創作引導幼兒表達自然美景和生物觀察。結合戶外踏查和課堂創作，幼兒不僅轉化觀察到的細節和美感，還深化對自然多樣性的理解和欣賞。

(二) 啟發幼兒的想像力與表達

透過觀察和藝術創作，幼兒可以自由表達對自然美的感受和想法，培養創造力和表達能力。教師應該鼓勵幼兒用獨特的方式展現觀察成果，透過色彩、形狀和材料的選擇豐富他們的藝術表現。

(三) 教師角色與支持策略

在幼兒的藝術創作過程中，教師是引導者和啟發者，提供技巧建議和情感支持，增強幼兒自信和探索精神。

(四) 透過藝術創作

幼兒透過藝術創作，以自己獨特的方式探索自然，從小昆蟲到壯麗山水，每幅作品都展現了他們對自然美的獨特理解，並透過藝術創作表達幼兒對外在世界直觀的想法與感受。

(五) 培育素養

幼兒透過藝術創作，不僅培養技能，更重要的是表達情感和認知。這樣的學習方式促進他們對自然美的敏感度，並塑造出關懷環境的觀念，更是培育在真實情境中解決問題的能力。

六、環境教育從學習到實踐

教師透過實地踏查、環保遊戲和回收再利用工藝等活動，直接引導幼兒體驗環保的重要性。透過討論和反思，引領幼兒分享如何減少塑料使

用、節約水資源或進行垃圾回收等具體行動，強化他們的環保意識和社會責任感。

(一) 生活化的環境教育活動

教師可以實地踏查、環保遊戲和回收再利用工藝等活動，讓幼兒直接體驗環保行為的重要性，激發他們的環保意識和責任感。

(二) 討論和反思

引導幼兒討論和反思環境影響，探索日常生活中的環保行動，培養環保意識和社會責任感。

(三) 家長和社區的參與

教師應鼓勵家長參與幼兒的環保活動，例如實地踏查和回收再利用工藝，以擴展家庭與社區層面的環保教育實踐。

(四) 環境教育從學習到實踐之核心價值

環境教育的核心價值在於將理論知識轉化為具體行動，引導幼兒從理解和學習到實際實踐中發展環保意識和行動力。

(五) 省思再出發

在環境教育中，我們應持續反思和改進教學方法，以更好地啟發幼兒的環保意識和行動能力。每次活動和討論都是寶貴的學習機會，需關注幼兒的反應和進步，根據他們的需求和興趣調整教學內容和方式。同時，鼓勵幼兒和家長探索新的環保實踐，讓環境保護成為生活中自然的一部分。

在幼兒教育中，融合六大核心素養（覺知辨識、表達溝通、關懷合作、推理賞析、想像創造、自主管理，是教育的基石），促進幼兒全面發展。環境教育應透過實地踏查、環保遊戲和回收再利用工藝等活動，使幼兒成為積極的學習者，理解自然資源的重要性，培養批判思維和社會責任感，推動日常生活中的環保行動，並透過家長和社區的參與擴展教育實踐，建立支持環保行動的社會環境。

本章討論問題

1. 請闡述如何在幼兒園課程設計中，有效融合六大核心素養（覺知辨識、表達溝通、關懷合作、推理賞析、想像創造、自主管理），以促進幼兒的全面發展。並舉例說明如何在日常教學活動中實踐這些素養。

2. 探討在幼兒教育中，如何透過具體的教學策略和活動，培養幼兒的覺知辨識和自主管理素養。分析這兩項素養對幼兒個人成長和社會適應的重要性。

3. 在推動環境教育的過程中，如何利用表達溝通、關懷合作和想像創造三大素養，激發幼兒的環保意識並促進他們的行動力？請結合具體案例進行說明。

第八章

幼兒美感素養及其運用

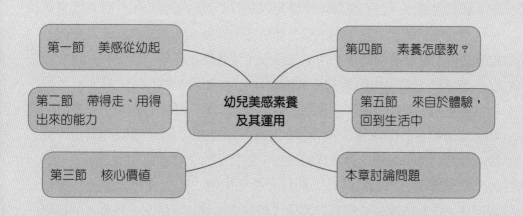

第一節　美感從幼起

第二節　帶得走、用得出來的能力

第三節　核心價值

幼兒美感素養及其運用

第四節　素養怎麼教？

第五節　來自於體驗，回到生活中

本章討論問題

　　在當代社會，圖像不僅是視覺存在，更具指示和提醒功能，影響思考與行為。圖畫書中的圖像是美感的豐富符號，啟發我們從內心建構和感知美好。美感不僅限於表面美麗，更是內在感知的共構。

　　美感不僅僅是看見一朵花的美麗形態，而是你如何感知和體會這朵花在你生命中的意義。這是一種主動的創造過程，你賦予這朵花特別的意義，它成為你感知美的一部分。當你細細品味一首音樂，它的旋律和節奏可能喚起你內心深處的情感和回憶。這種情感的共鳴，是對音樂的美感的體驗。美感因此超越了音符的排列，變成了一種個體對聲音與情感的深度反思。有句話出自法國作家安東尼・德・聖─修伯里的著名小說《小王子》（Le Petit Prince）。在這本書的第 21 章，小王子和狐狸的對話中，狐狸說道：「真正重要的事情是眼睛看不見的，唯有用心看才能看得見。」這段話深刻表達了內心感受和情感的重要性。美感教育亦是如此，唯有透過心靈深處的體悟和用心去感受，才能真正理解、珍惜和感動。

　　美感是一種由內而外的感知過程，它包含了我們如何主動地與周圍的世界互動，並在這過程中創造和體驗美。它是一種內在的視角，是對生命、藝術和自然的一種深刻理解和感受。「美感」並非僅限於表面的美觀，而是一種由個體主動建構的感知，是對美的深度體悟和反思。

　　幼兒園課程大綱以「仁」的核心觀點出發，確立課程大綱的宗旨和總目標，進而將課程發展為身體動作與健康、認知、語文、社會、情緒和美感六大領域。成長中的幼兒在各個發展領域中，包括身體動作與健康、認知、語文、社會、情緒以及美感，都呈現出密切的連結與相互影響。每位幼兒都是一個獨特的個體，他們會根據自己所處的文化、社會環境和生活經驗，展現出各種不同的特質和能力。「核心素養」是指一個人為適應現在生活及面對未來挑戰，所應具備的知識、能力與態度（教育部，2014）。因此，教學者和家長在培養幼兒的美感經驗時，需要考慮到他們的個體差異和多元性，提供豐富多彩的學習機會，讓幼兒能夠在多元文化和社會環境中，發掘美的多重層面體驗。培養核心素養係分為六大項：覺知辨識、表達溝通、關懷合作、推理賞析、想像創造、自主管理（教育

部，2017）。美感素養指的是將美感領域的能力與學習融合至核心素養教育的關鍵環節。

本章學習目標

1. 深化幼兒對藝術感知與解讀，透過藝術媒介展現情感與思維。
2. 培育幼兒視覺與感性觀察能力，利用藝術媒介傳達內在情感。
3. 激發幼兒藝術創新與表現力，透過藝術媒介抒發情感。

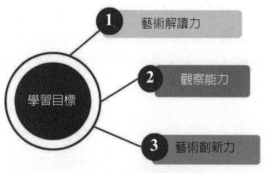

圖 8-1　美感素養學習目標

第一節　美感從幼起

　　美感領域的教育目標著重於幼兒對「探索與覺察」、「表現與創作」及「回應與賞析」三項核心能力的培養，這些能力都是為了深化對藝術與美學本質的認識與實踐。「美感」指的是由個體內心深處主動建構的一種感知美好事物的體驗（教育部，2017）。

(一) 探索與覺察

　　不僅要求幼兒能夠敏銳地捕捉日常環境中隱含的美感元素，更強調透過五官的感知，對於美的多重層次進行全面的理解和詮釋。

(二) 表現與創作

「教育即生活，生活是經驗不斷的重組與改造。」（Dewey, 1938）意即教育和生活是緊密相關的，每一個生活中的經驗都是幼兒學習和成長的寶貴機會。創造一個充滿愛、關懷與熱情的學習環境，讓每一位幼兒都能夠在生活中享受學習，並發展成為積極、創造性和全面發展的個體。

(三) 回應與賞析

著重於幼兒能夠批判性地評價藝術作品，並樂於參與藝術的多元體驗，從而豐富其美感體驗與藝術視野。

美感教育核心學習面向包括「情意」和「藝術媒介」（表 8-1）。透過情感反應和對藝術背景情感的理解，培養幼兒的情感投射和藝術創作敏感度；同時，幼兒需運用多種藝術形式如繪畫、音樂、舞蹈等，達到深化和全面發展的高層次藝術表現與感知。

表 8-1　情意與藝術媒介

領域	情意		藝術媒介	
探索與覺察	美 -1-1	體驗生活環境中愉悅的美感經驗	美 -1-2	運用五官感受生活環境中各種形式的美
表現與創作	美 -2-1	發揮想像並進行個人獨特的創作	美 -2-2	運用各種形式的藝術媒介進行創作
回應與賞析	美 -3-1	樂於接觸多元的藝術創作，回應個人的感受	美 -3-2	欣賞藝術創作或展演活動，回應個人的看法

美感教育目的在培養幼兒對美的敏銳感知和表達技巧。幼兒透過深度感知生活美感和精準觀察，欣賞多元美學元素，培養持續感受美的能力。他們在藝術創作中運用想像力，探索獨特表現方式，包括繪畫和音樂等媒介，深化創作認知和促進創新思維。

本章節將帶領幼兒進入充滿驚奇的藝術探索之旅，啟動藝術旅程，激發他們的創造力和想像力。透過故事和想像力的表達，引導幼兒自由創作獨特的藝術作品，培養其藝術潛能和表達能力。

第二節 帶得走、用得出來的能力

　　強調的是學習者不僅需要獲得知識和技能，更需要將這些能力轉化為實際的應用。具體到「解讀力、觀察力和創新力」這三種能力（圖8-2）：

圖 8-2　帶得走、用得出來的能力

(一) 理解力

　　理解和應用文字、圖像或聲音等資訊的能力，不僅限於知識的獲取，更重要的是支持問題解決和判斷能力的發展。

(二) 觀察力

　　除了對周圍環境和事物進行細緻的觀察和分析，還需要學會如何將觀察到的訊息和洞察力用於解決實際問題或創新思考。

(三) 創新力

　　這不僅僅是想像力和創造力，更是能夠將新的想法、觀察和解讀應用到新的情境中，創造新價值或解決問題的能力。

　　幼兒的解讀力、觀察力和創新力在藝術教育中扮演核心角色，支持其學習和創作能力的綜合發展。

第三節 核心價值

　　在幼兒的美感素養中，「理解」著重於掌握藝術作品或自然的背後意義；「提取訊息」強調或引出關鍵內容，使幼兒更容易理解和記住相關訊息；「細心觀察」則培養幼兒用細膩眼光捕捉日常美好。這三元素不僅加深對美的感知，更體現了核心價值。

　　幼兒的好奇心、合作精神和問題解決能力是他們成長和學習中非常重要的核心價值（圖 8-3）。

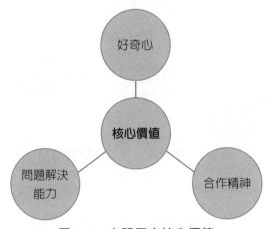

圖 8-3　本單元之核心價值

一、好奇心

　　好奇心是幼兒對周圍世界充滿興趣和探索欲望的核心，激勵他們積極探索和學習新事物，成為理解世界的基石。

二、合作精神

　　合作精神是指幼兒能夠與他人一起工作和遊戲，分享資源和想法，共同達成目標。這種精神幫助他們學習如何在團隊中有效地溝通和協作。

(一) 團隊合作

合作精神要求幼兒能夠與其他孩子協同工作，分享任務，互相幫助，以達成共同的目標或完成遊戲。

(二) 溝通技巧

合作精神還包括有效的溝通技巧，幼兒需要學會如何表達自己的想法，並聆聽和理解他人的意見。

(三) 社會責任感

合作精神培養了幼兒的社會責任感，讓他們學會尊重和支持他人。在課堂或遊戲中，幼兒分享玩具、協力完成拼圖或一起搭建積木城堡，這些活動促進了他們的合作技能，增強了社會聯繫和友誼。

三、問題解決能力

問題解決能力是指幼兒能夠在面對困難或挑戰時，找到創新的解決方法。這種能力幫助他們在日常生活中克服障礙，並培養他們的自信和獨立性。

(一) 創意思維

問題解決能力要求幼兒能夠運用創造性的思維來尋找解決問題的新方法。這種創意思維是他們應對挑戰的關鍵。

(二) 嘗試和學習

這種能力還包括勇於嘗試新方法，並從失敗中學習。幼兒需要理解錯誤是學習的一部分，並從中獲得經驗。

(三) 堅持不懈

問題解決能力也涉及幼兒在面對困難時能夠保持耐心和堅持，直到找到解決方案。這種堅持不懈的態度對他們未來的成功至關重要。

當一個幼兒面對如何組裝一個複雜的玩具時，他們可能會嘗試不同的方式來解決問題，直到成功。他們的努力和探索過程不僅幫助他們找到解決方案，還提升了他們的自信和解決問題的能力。

這三個核心價值——好奇心、合作精神和問題解決能力——為幼兒提供了探索和理解世界的基礎。好奇心激發他們對新知識的渴望，合作精神教導他們與他人協作，問題解決能力使他們面對挑戰，找到創新解決方案。

第四節 素養怎麼教？

素養教育在幼兒教育中的作用至關重要，因為它不僅影響幼兒的學術成就，還塑造了他們的社會行為和人格特質。以下是針對幼教教師和幼兒如何有效地教導和培養素養的一些策略和方法。

一、掌握核心概念主軸

在教保課程中，透過遊戲角色扮演和桌遊，幼兒學習社交技巧和解決問題能力；戶外探索培養觀察力和探索精神；藝術活動如繪畫和手工藝發展創造力和想像力；音樂與舞蹈活動促進節奏感和情感表達；家長互動關懷與陪伴則增強幼兒的情感安全感，對增進幼兒社交技巧有相當大的助益。

二、情感教育的體現

透過各種故事、活動和遊戲，教導幼兒如何表達愛、關心和尊重他人。例如可以透過角色扮演、情境模擬等活動，讓幼兒體驗和理解「仁」的情感內涵。

三、道德教育的涵育

在日常生活和活動中，引導幼兒學習正確的價值觀和行為規範如尊重他人、幫助需要的人、關心弱小等。透過故事、歌曲、遊戲等多種方式，培養幼兒的道德情操和社會責任感。

四、社會互動能力的展現

透過團體活動、合作遊戲等，培養幼兒的團隊合作精神、溝通能力和同理心。教導幼兒如何與他人建立良好的人際關係，學會欣賞和接納他人的差異。

五、生活實踐與應用

鼓勵幼兒在日常生活中實踐「仁」，例如主動幫助同伴、分享玩具、關心朋友等。透過實際的行動和活動，幫助幼兒理解和實踐「仁」的價值，並將其內化為自己的行為和態度。

在教保課程的大綱中，「仁」不僅僅是一個抽象的價值觀，更是一種需要透過實際教學和活動來培養和實踐的能力。透過這樣的教學方式，可以幫助幼兒建立正確的人生觀、價值觀和社會互動能力，並為他們的未來發展奠定厚實的基礎。

六、以繪本教學導入

繪本是幼兒教育中直接而有效的工具，不僅啟發想像力和創造力，還提供豐富語言學習機會。研究顯示，結合情境教學、分享式閱讀和數位科技等多元策略能有效提升幼兒的閱讀能力和動機，促進語文學習和閱讀發展。學習成效研究強調閱讀動機的提升和閱讀理解的強化。而在繪本與語文學習方面，研究主要關注繪本如何促進語言表達、詞彙豐富性和閱讀理解，提供教學建議以提升幼兒的語文素養和閱讀技能（簡俐珊，2010；黃麗惠，2014；莊翌琳，2022；王淑惠，2023；黃寶萱，2023）。繪本教學活動對幼兒在表達溝通及想像創造方面的素養有明顯的提升作用（周敬模，2024）。

綜上所述，由繪本導入課程淬鍊素養之策略及目的：

表 8-2　以繪本教學導入表

項目	定義與描述	關聯性與策略	目的
理解力	幼兒能夠理解和解讀文字、圖像、聲音等各種訊息的能力。	1. 良好的理解力能促進對事物的深入觀察。 2. 與觀察力和創新力相互促進。	有效地獲取和理解訊息。
觀察力	幼兒對周圍環境和事物進行細緻觀察和分析的能力。	1. 透過觀察能夠豐富和拓寬解讀的角度和深度。 2. 與解讀力和創新力相互促進。	深入了解和認識周圍的環境和事物。
創新力	幼兒的想像力、創造力和解決問題的能力。	1. 透過觀察激發想像和創新力。 2. 良好的解讀能力為創新思考提供素材和基礎。	適應未來變化，具備解決問題的能力。
策略	整合性學習 實踐和經驗－啟發式教學	1. 促進三種能力的連接和應用。 2. 在實踐中鍛鍊能力。 3. 激發幼兒的好奇心和探究欲望，促進主動學習。	促進三種能力的全面發展。

　　繪本以豐富的圖像和色彩吸引幼兒注意力，文字簡單易懂，適合認知標準，情節生動有趣，激發好奇心和想像力，全面促進語言知識及情感、道德觀念和社交技巧的發展。

　　繪本作為幼兒教育的工具，因其視覺吸引力、文字簡單易懂、情節生動有趣和能夠促進全面發展的特點，是最為直接有效的教學方法。透過繪本，幼兒可以在愉悅的閱讀氛圍中學習語言、培養情感和社交技巧，有助於他們的全面發展。

七、對幼教教師而言

(一) 創造積極的學習環境 —— 營造安全和支持的環境

　　讓幼兒感到被接納和尊重，這有助於他們自信地探索和學習。

(二) 鼓勵自由探索

　　設計開放的活動區域，提供多樣的材料和工具，鼓勵幼兒自由探索和創造。

(三) 示範和引導——樹立榜樣

教師是幼兒的榜樣。以積極、尊重和負責任的方式行事，展示良好的素養，讓他們模仿。

(四) 有意識地引導

透過日常互動，幫助幼兒理解和體驗素養的價值。例如教導他們如何解決衝突，表達感激之情，或分享資源。

(五) 整合素養於日常活動中——閱讀和故事講述

選擇具有教育意義的書籍和故事，這些內容可以幫助幼兒理解和內化素養。例如講述關於友情、合作或勇氣的故事。

(六) 角色扮演和遊戲

透過角色扮演和合作遊戲，讓幼兒體驗和練習素養。例如扮演不同的社會角色，理解他人的視角和感受。

(七) 鼓勵反思和討論

鼓勵幼兒反思提問，更可以透過討論找到更好的方法。

1. 開放的討論：在活動後，與幼兒一起反思他們的行為和決策。例如在合作遊戲後，討論什麼方法能讓大家更好地合作。

2. 問題引導：使用開放式問題來促進幼兒的思考。例如「當你幫助你的朋友時，你感覺如何？」「你認為還有什麼其他方式可以解決這個問題？」

(八) 掌握核心因材施教——認識每位幼兒的獨特性

理解每位幼兒的個性和需求，根據他們的發展階段提供針對性的指導和支持。根據幼兒的學習風格和興趣，設計不同的活動來培養素養。例如對於喜歡藝術的幼兒，可以透過繪畫來表達和理解情感。

第五節 來自於體驗、回到生活中

從體驗中探索是幼兒教育中不可或缺的一環。透過戶外活動如觀察自然和感受季節變化，幼兒能自主地學習和發現新知識，擴展認知範疇，同

時提升他們的好奇心和學習動機。從體驗中感受則促進幼兒情感發展，例如參觀動物園與自然互動，培養同理心和情感共鳴。

> 知識跳脫書本，能力進入生活
> 素養真正用得出，不只是帶著走的能力

(一) 繪本故事角色扮演活動

在幼兒教育中，教師選擇友誼主題的繪本，結合角色扮演活動，已成爲廣受認同的教學方法，不僅有效將書本知識轉化爲生活體驗，也有助於提升幼兒的解讀力和情感連接能力，促進其想像力和創造力。

(二) 戶外自然探索活動

帶領幼兒到公園或自然環境進行觀察與探索，被廣泛認爲是極具價值的教學方法，有效將書本知識轉化爲生活體驗，同時激發好奇心和探索精神。這不僅深化幼兒對自然界的認識和理解，還促進身體活動及社交互動能力的發展，全面支持其核心素養和全面發展。

(三) 手工藝創作活動

手工藝創作活動是幼兒教育中極有效的策略，激發創新和想像力，培養操作技能和專注力。幼兒在自主選擇材料和形狀的過程中，體驗創作樂趣，教師則提供指導和支持，促進合作和分享。這種教學模式不僅推動自主學習和自我實現，也全面促進幼兒的發展和核心素養的培養。

(四) 音樂與舞蹈活動

音樂與舞蹈活動在幼兒教育中不可或缺，能深度觸動情感世界，提升認知潛能和創造力，培養社交技巧和身體健康，爲幼兒全面成長提供重要支持。

(五) 家庭互動日活動

邀請家長參與幼兒園的活動並與幼兒一同完成各種家庭互動任務，已被廣泛視爲一種深化學校與家庭合作關係的有效策略。根據教育合夥人的

觀念，家長不僅是學校教育的重要支持者，更是幼兒學習過程中不可或缺的參與者（表 8-3）。

表 8-3　家庭互動相關理論

主題	理論及概念	代表人物	重要觀點
近側發展區域	社會文化發展理論（Sociocultural Theory）	Lev Vygotsky（列夫・維高斯基）	幼兒在「近側發展區域」內透過互動學習新技能和知識，家長的參與創造適宜學習環境，支持幼兒潛能。
生態系統理論	多層次環境系統（Ecological Systems）	Urie Bronfenbrenner（尤里・布朗芬布倫納）	幼兒的發展受到多層次環境系統的影響，家庭作為最直接的微系統對其影響最即時。
心理社會發展理論	發展階段（Stages of Development）	Erik Erikson（艾瑞克・艾瑞克森）	家庭互動對幼兒的心理和社會發展至關重要，有助於他們建立自信、信任感和情感安全感。
依附理論	依附關係（Attachment Relationships）	John Bowlby（約翰・鮑爾比）	安全的依附關係對幼兒的情感和心理發展至關重要，家庭的愛和支持是建立穩固依附的基礎。
認知發展理論	認知發展階段（Stages of Cognitive Development）	Jean Piaget（讓・皮亞傑）	家庭中的互動和探索活動促進了幼兒認知能力和思考方式的發展，有助於他們理解世界。
社會學習理論	模仿和觀察學習（Modeling and Observational Learning）	Albert Bandura（阿爾伯特・班杜拉）	幼兒透過觀察和模仿家人的行為來學習，積極的家庭互動促進了他們學習積極的行為和價值觀。

主題	理論及概念	代表人物	重要觀點
情感調節和道德發展理論	情感調節（Emotion Regulation）	Nancy Eisenberg（南茜‧艾森伯格）	家庭互動對於幼兒的情感調節能力和道德發展有深遠影響，家長的情感回應和指導有助於幼兒學會管理和調節自己的情感。

　　陪伴是家庭互動的核心，代表人物如當代教育學者維高斯基（Vygotsky）強調了「近側發展區域」的概念，認為在這個區域內，幼兒能夠透過與他人的互動學習新的技能和知識。當家長參與幼兒園的活動並與幼兒一同完成任務時，他們為幼兒創造了一個適合的學習環境，使幼兒能夠在家庭和學校之間建立起有意義的連接。這特定的區域中，幼兒能透過與他人的互動，有效地學習新的技能和知識。

　　如布朗芬布倫納（Bronfenbrenner）的生態系統理論認為，幼兒的發展是在多個系統（如微系統、中介系統、宏系統等）的影響下進行的，且最為直接的微系統，其在幼兒的發展中扮演著至關重要的角色。家庭在我們的生活中占據著一個非常特殊且核心的位置，它是我們日常生活中最直接、最密切的微系統。

　　透過家庭互動，幼兒不僅可以學習與家長和家庭成員合作的重要性，同時也能夠加強他們的情感安全感和社會技巧。在家長的陪伴和指導下，幼兒能夠建立積極的人際關係，學會如何與他人合作和溝通，進而促進他們的情感發展和社會適應能力的提升。

　　在幼兒教育的領域中，家庭互動被認為是至關重要的一環，其深厚的學理基礎得到了多位知名教育學者的支持和發展。再者，艾瑞克森（Erikson）的心理社會發展理論強調了初級學習經驗對幼兒心理和社會發展的重要性。包爾比（Bowlby）的依附理論進一步指出，穩定和安全的家庭環境對幼兒的心理健康和情感安全感具有決定性的影響。最後，皮亞傑（Piaget）的認知發展理論也認為，家庭環境中的互動能夠促進幼兒

的認知能力和思考方式的發展。

社會學習理論的觀點認爲幼兒的美感透過模仿與社會互動發展、教師和同伴互動學習，能促進美感認知和創造力表現。情感調節關注在情緒管理及促進適應行爲；道德發展理論探討幼兒如何理解和實踐道德價值及彰顯社會行爲。

綜上所述之觀點，家庭互動不僅有助於鞏固幼兒與家庭成員之間的情感連結，同時也在認知、情感、社交等多方面提供了全面的發展支援。

本章討論問題

1. 在日常教學中，我們如何利用從體驗中的探索、感受和反思的方法，來提升幼兒的美感素養？

2. 在美感教育課程中，探索、表現和回應是核心能力。請說明這三個能力如何協助幼兒深化對藝術的理解和表達能力，以及如何在日常生活中應用這些能力來豐富他們的美感體驗。

3. 藝術媒介在幼兒美感教育中扮演重要角色。請分析和比較至少兩種不同的藝術媒介（如繪畫、音樂、舞蹈等），討論它們如何促進幼兒的創造力、情感表達和美感覺知。

第九章

幼兒潛在課程境教美感環境

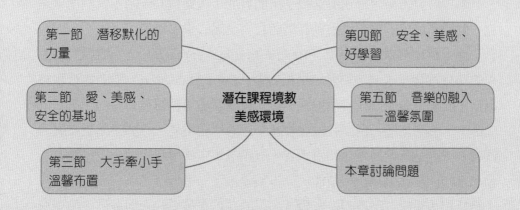

第一節 潛移默化的力量

第二節 愛、美感、安全的基地

第三節 大手牽小手溫馨布置

潛在課程境教美感環境

第四節 安全、美感、好學習

第五節 音樂的融入——溫馨氛圍

本章討論問題

幼兒學習環境美學包括園舍建築之美、室內活動室之美、室外活動空間之美三向度，在幼兒教育中，學習環境的美學是關鍵。而美感教育蘊含在潛在課程中尤以「潛移默化」的教學模式最爲重要。第一節論述「境教」模式透過日常生活和環境培養孩子的感知和美感鑑賞力，將學習環境視爲「潛在課程」的一部分，帶來深切的影響。第二節說明幼兒園基礎建設，參照教育部《幼兒園及其分班基本設施設備標準》，探討設施設備準備面向。第三節深入探討室內活動室之美，如何透過巧妙布置創建具啟發性和互動性的幼兒學習空間。第四節探討室外活動空間之美，強調室外空間爲孩子提供的自然互動與探索機會。音樂在第五節「音樂的融入」中被視爲營造情感豐富的學習環境的重要元素。

學習環境的美學旨在促進孩子全面發展。透過精心規劃，我們期望建立一個能滿足孩子需求且激發其潛能且具美感的學習環境。

瑞吉歐・艾米利亞方案（Reggio Emilia Approach）是一種源自義大利的幼兒教育方法，洛利斯・馬拉古奇（Loris Malaguzzi）強調尊重和發掘孩子的獨特潛能。在這個模式中，幼兒學習環境被視爲幼兒的「第三位老師」，強調創造一個富有啟發性和美感的學習環境。教師不僅是知識的傳遞者，更是學習的夥伴和引導者，鼓勵孩子主動參與學習，透過社會互動和合作活動建立知識和技能。此方案提供了一個以孩子爲中心、尊重孩子潛能和重視學習環境的教育模式，目的在培養孩子的全面發展。學習環境提供幼兒支持性、安全感，幼兒與第三位教師的互動過程中，父母與教師也應該共同進場對話，讓幼兒與生俱來的強烈好奇心，轉化爲學習的動力，進而打造屬於自己的學習生活（Gribble, 2013）。

● 本章學習目標

1. 強化功能美，建立幼兒學習環境美學基礎。
2. 研發幼兒學習環境美學檢核項目，供幼兒園自主建置。
3. 以幼兒爲核心，提升其環境歸屬感。

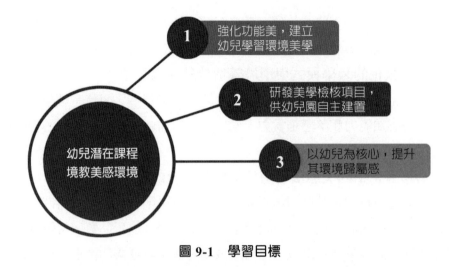

圖 9-1　學習目標

　　學習環境已從過去僅著重於設施與設備的功能性轉變，逐漸融合人文、自然與美學元素，不僅是為教師或成人所設計，更需要從幼兒的視角出發，思考何種環境最適合他們。

第一節　潛移默化的力量

　　潛移默化的教學模式著重於在非正式的教學環境中，透過日常生活和環境營造，培養幼兒的感知能力和美感鑑賞力。學習環境被視為「潛在課程」（hidden curriculum），這種隱藏的教學內容往往比明確的課程（explicit curriculum）更具深遠的影響，但卻經常被忽略。學生與教師在學習環境中的行為與態度受到其無形中的塑造，而當這潛在的教學價值能夠與明確的課程相互協同作用，學校的教育使命便能達到最完善的實踐（歐用生，1979；湯志民，2014）。

　　人與環境相互影響，形成個人的生活空間，個人行為隨生活空間而變化。因此，學校空間、建築設施、校園環境與設備，均能使教師和學生的行為產生變化，學校空間環境就是潛在課程（湯志民，2014）。環境對幼兒學習具有關鍵的影響力。

在幼兒園教保實踐中，環境營造應結合核心理念。教學者透過觀察和反思，捕捉環境價值並探索改進潛力，促使美感經驗自然萌芽。

(一) 潛移默化的教學模式與環境營造於幼兒園教學

在非正式教學環境中，透過日常生活和環境營造，以特定教學方法培養孩子的感知能力和美感鑑賞力。幼兒園教學需將環境營造與核心理念結合，確保教學一致性和效果。

(二) 潛移默化中的美感環境塑造於幼兒教育的啟示

在幼兒教育中，美感環境不僅是裝飾，更是啟發。教學者需確立環境營造目標，投入心力與智慧，透過觀察和反思提升教學品質。持續實踐和調整，使美感經驗自然萌發，並引領教學者進入有意義的循環，培養幼兒的感知能力和美感鑑賞力。

(三) 環境對應幼兒友善的學習環境設計

「綜合性幼兒友善學習環境設計」其目的在創造安全、健康的學習空間，鼓勵幼兒主動探索和學習。透過設計促進社會互動、自我表現，並營造親近自然的環境，全面促進幼兒身心發展，滿足多元學習需求和成長潛能（表 9-1）。

表 9-1　環境對應幼兒友善的學習環境設計

環境	本質	對應之目的
學習環境	安全舒適	積極探索與知識建構
活動環境	全面身心發展	創新思維與多元表現能力
自然環境	大自然親近連結	融入自然互動與合作關係

透過藝術和創意活動激發幼兒的創造力和表現力，建立多元且具啟發性的學習環境，促進其全面發展並與自然環境開始對話。

第二節 愛、美感、安全的基地

在幼兒教育中，建立安全舒適的學習環境至關重要，確保幼兒學習無壓力。促進身心健全發展是持續的過程，需提供適當支持。

本節依據教育部國民及學前教育署《幼兒園及其分班基本設施設備標準》中的名稱定義以及國內外學者的論述參考，將「園舍建築」、「室內活動室」及「室外活動空間」作為指標建構中三大範疇（教育部，2019）。將其以相關學者相關論述歸納整理，「園舍建築」可歸納為「建築造形」、「建築配置」、「建築設計」；「室內活動室」可歸納為「團體活動區」、「學習區」、「室內設施與設備」；「室外活動空間」可歸納為「運動遊戲場」、「園庭」、「室外設施與設備」（圖9-2）。

圖 9-2 幼兒園基礎建設空間配置圖

根據教育部的規定和學者的研究，把幼兒園分成三個大類：建築、室內活動室和室外活動空間。其目的在設計符合教育標準的幼兒園建築和設施。

一、園舍建築

教育部國民及學前教育署有發布《幼兒園及其分班基本設施設備標準》（2019），該標準包含了關於幼兒園建築的規範和指引，以確保幼兒園的建築設計、配置和設施都符合教育、安全和健康的要求。關於幼兒

園環境的安全與品質，其所依據的法律規章主要包括：教育部國民及學前教育署相關法規、建築法規、環保法規、兒童安全法、消防法等，這些都涉及到幼兒園的運作、安全與品質管理。

　　幼兒園在經營管理過程中，必須確保遵循上述的法律規章，以確保提供給幼兒一個安全、健康且適合學習的環境。

(一) 建築造形

　　建築造形是指幼兒園建築的整體形象和結構。這不僅僅是一個物理空間，更是幼兒的第一個學習場所。一個具有吸引力和特色的建築造形能夠增強幼兒的學習興趣和環境感知。建築的品質有三大重要的原則：一要堅固，其目的在於安全，其方法是結構設計；二為實用，其目的在於適用，其方法在於空間與尺度的機能調配；三是悅目，以造形、顏色等美觀元素融合（漢寶德，2007）。安全為建築首要的基石，更是經營園所最大的保障。

(二) 建築配置

　　建築配置涉及到空間的劃分和布局，確保每個活動區都有足夠的空間和資源，且能夠適應不同的學習活動和教學需求，安全為首要之考量。參照《幼兒園及其分班基本設施設備標準》第 9 條：

1. 室內活動室之設置，應符合下列規定：(1) 為樓層建築者，其室內活動室之設置，應先使用地面層一樓，使用面積不足者，始得使用二樓，二樓使用面積不足者，始得使用三樓，且不得設置於地下層；(2) 二歲以上未滿三歲幼兒之室內活動室，應設置於一樓；(3) 應設置二處出入口，直接面向避難層或走廊。

2. 建築物地板面在基地地面以下之樓層，其天花板高度有三分之二以上在基地地面上，且設有直接開向戶外之窗戶及直接通達戶外之出入口，經直轄市、縣（市）主管機關核准者，視為地面層一樓。

3. 幼兒園及其分班有下列情形之一者，其室內活動室設置於一樓至三樓，不受第一項第一款使用順序及第二款之規定限制：(1) 設置於直轄

市高人口密度行政區；(2) 位於山坡地，且該樓層有出入口直接通達道路，並經直轄市、縣（市）主管機關核准。

(三) 建築設計

建築設計包括建築的材料選擇、顏色搭配和環境設計等，這些都會直接影響到幼兒的舒適感和學習氛圍。

(四) 巡檢維護

維護人員在確保幼兒園安全與品質方面至關重要。他們定期巡查建築與設施，及時修復任何損壞或問題，以保障幼兒在安全且品質優良的學習環境中成長。品質控制和環保標準的嚴格監控是必要的，並建立有效的回饋機制，主動蒐集各方意見，以持續優化和提升環境。

二、室內活動室

依據法規第 7 條（幼兒園及其分班基本設施設備標準，2019）：

1. 幼兒園及其分班，均應分別獨立設置下列必要空間：(1) 室內活動室；(2) 室外活動空間；(3) 盥洗室（包括廁所）；(4) 健康中心；(5) 辦公室或教保準備室；(6) 廚房。
2. 設置於國民小學校內之幼兒園，其前項第一款至第三款之空間應獨立設置，第四款至第六款之空間得與國民小學共用。
3. 設置於國民中學以上學校內之幼兒園，其第一項必要空間，除第六款得與學校共用外，均應獨立設置。
4. 設置於公寓大廈內之幼兒園及其分班，其第一項必要空間，均不得與公寓大廈居民共用。

依據法規第 10 條（幼兒園及其分班基本設施設備標準，2019）：

1. 室內活動室之面積，應符合下列規定：(1) 招收幼兒十五人以下之班級，其專用之室內活動室面積不得小於三十平方公尺；(2) 招收幼兒十六人以上三十人以下之班級，其專用之室內活動室面積不得小於六十平方公尺。

2. 前項室內活動室面積不包括室內活動室內之牆、柱、出入口淨空區等面積。

3. 第一項室內活動室面積，得採個別幼兒人數計算方式為之。每人室內活動空間不得小於二點五平方公尺。

　　其室內空間再區分為團體活動區、學習區、室內設施與設備三項，分述檢視要項：

(一) 團體活動區

1. 安全和互動性：團體活動區是幼兒在團體活動中進行互動和合作的主要場所，其設計需考慮到幼兒的安全和互動性。

2. 設計應從幼兒的視角出發，滿足其需求和興趣

(二) 學習區

1. 提供多元充足之教材，學習區提供了專門的空間和資源，讓幼兒可以進行各種學習活動如閱讀、寫作、繪畫等。

2. 教材管理：所有教材和用具都應清晰標示並按類別有序放置，方便幼兒自主選擇和使用。

3. 多功能利用：學習區不僅是學習的地方，也應能發揮教保遊戲和多元學習的功能。

(三) 室內設施與設備

1. 安全和互動性：室內設施與設備，其設計需考慮到幼兒的安全和互動性，室內設施與設備的品質和數量直接關係到幼兒的學習效果和安全性。

2. 妥適性：設備和設施應根據幼兒的身體尺寸和能力進行設計，確保其適用性和舒適度。

3. 多功能與靈活性：室內設施與設備應具有多功能性，能夠滿足不同學習和遊戲活動的需求。同時，應具有一定的靈活性，以便隨著幼兒成長和發展進行調整和變更。

三、室外活動空間

(一) 運動遊戲場

1. 運動遊戲場是幼兒進行體育活動和遊戲的主要場所，它能有效促進幼兒的身體發展和社交技巧。
2. 活動多樣性與安全性：遊戲場的設計應考慮到各種運動活動的需求，同時確保設施的安全性。
3. 空間開放與靈活性：設計應保持遊戲場的開放性，並具有足夠的靈活性以滿足不同年齡段的幼兒需求。

(二) 園庭

1. 園庭是幼兒接觸自然和環境教育的重要場所，應該充分利用其豐富的自然資源和環境元素。
2. 自然探索與學習：園庭應提供各種自然元素和植物，讓幼兒有機會進行自然探索和環境學習。
3. 安全與保護：園庭的設計和管理應確保幼兒在探索自然時的安全，同時保護和維護園內的自然環境。

(三) 室外設施與設備

1. 豐富遊戲選項：例如滑梯、攀爬架等室外設施不僅能豐富幼兒的遊戲活動，還能提供他們探索和冒險的機會。
2. 耐用與安全：室外設施和設備應選用耐用材料，確保其在各種氣候條件下的長期使用，同時應具備足夠的安全措施。
3. 適應性與互動性：設施應具有一定的適應性，以適應不同年齡和能力的幼兒，並促進他們之間的互動和合作。
4. 熟悉法令規章，落實安全自主檢核表，定期維護巡檢。

　　根據《兒童及少年福利與權益保障法》第 51 條，學校和教師對於 6 歲以下或有特殊需要的兒童的照顧和監督確實有特殊的責任。如果學校或教師存在明顯的怠忽職守，導致兒童受到傷害或其他不良後果，則可能需要承擔相應的法律責任。確保兒童的安全和福祉，並防止學校和教師因

忽忽職守而導致兒童受傷或面臨其他不良後果，從而保障兒童的權益和福利。

在當前的教育研究中，幼兒園環境品質是關鍵因素，直接影響幼兒的學習和發展。優質、安全和美感的學習環境不僅提供富有啟發性的學習場所，還能激發幼兒的學習動機和社交技巧，成為當前幼兒教育的主要趨勢（戰寶華、陳惠珍、楊金寶，2020）。好的幼兒園環境品質直接影響幼兒的學習和成長，提供安全、美觀的學習環境不僅激發幼兒的學習興趣和社交能力，也是當前幼兒教育的主要方向。

第三節　大手牽小手溫馨布置

在幼兒學習環境中，尤其是室內活動室，精心的布置和設計至關重要。創造溫馨、啟發性和互動性的空間不僅促進幼兒的學習和遊戲，也是情感交流和創造力發展的核心。教學者應堅持核心理念，透過觀察和反思捕捉環境價值，培養幼兒多層次的美感經驗。階段性目標在環境營造中扮演關鍵角色，指引持續改進和延伸。

(一) **多功能區域設計**

活動室分為閱讀角落、藝術區和角色扮演區，讓幼兒自由選擇活動，並在不同環境中學習和探索。

(二) **自然元素融入**

在活動室引入自然元素如植物、木質家具或自然光，提供幼兒舒適的環境，並促進他們與自然的深層連結，有助於身心健康的發展。

(三) **幼兒參與設計**

讓幼兒參與活動室的設計和布置，培養他們的參與感和責任感，並根據他們的建議和需求調整，確保設計符合幼兒的實際需求和興趣。

(四) **互動性玩具和教材**

選擇互動性和啟發性的玩具和教材，例如拼圖、積木、科學實驗工

具，激發幼兒的創意和好奇心，促進認知和技能發展。

(五) 定期評估和反思

定期組織教學者和家長的會議，評估活動室使用效果和幼兒的回饋，進行反思和調整，確保設計始終符合幼兒的成長和學習需求。

第四節 安全、美感、好學習

室外活動空間提供了幼兒與自然互動、探索世界的機會。本節將探討如何在室外環境中，透過合理的規劃和設計，創造一個既安全又具有教育意義的活動空間，讓幼兒在自然中學習、成長（圖9-3）。潘教寧（2016）的研究建構出國民小學學校建築及校園規劃之空間美學評鑑指標，以「形式之美」、「內容之美」、「靜態之美」、「整體之美」、「獨特之美」、「動態之美」爲六大層面，可提供環境美學空間分析參考使用。

圖 9-3　室外活動空間之美

(一) 安全性優先

建立符合安全標準的活動區域。幼兒對安全意識的缺乏，使其極度依賴成人提供安全環境。安全專家建議應從幼兒時期開始培養安全教育觀念，使其根深蒂固。

(二) 自然互動

鼓勵幼兒與自然環境進行密切接觸與互動，培養其對自然的熱愛和保護意識。自然環境是最好的教室，幼兒可以在其中學習觀察、體驗和探索，進而豐富他們的知識和想像力。

(三) 教育意義

結合自然元素，設計具有教育價值的活動項目，幫助幼兒在玩樂中學習。這些活動不僅可以豐富幼兒的知識和技能，還可以培養他們的社交能力和團隊合作精神。

(四) 多功能規劃

考慮不同年齡層的需求，設計多功能活動空間以促進全面發展。這些空間提供多樣的學習和遊戲機會，滿足幼兒的好奇心和探索欲。兼具遊戲和學習功能的攀爬架不僅鍛鍊身體協調能力，還培養勇氣和自信心，讓幼兒在遊戲中成長。

(五) 環境教育

透過各種活動和設計，積極培養幼兒對環境保護和可持續發展的認識與意識。環境教育不僅是學校的責任，也是社會的共同使命。

(六) 親子互動

提供親子共同參與的活動項目，強化親子間的情感連結，並鼓勵家庭共同參與學習。

(七) 季節變化考量

在活動空間設計上，要考慮不同季節對幼兒活動的影響，確保場所具有四季適用性。

(八) 自主學習環境

設計挑戰性和探索性的活動設施，鼓勵幼兒主動探索、學習和成長。提供開放式遊戲區域和多功能學習設施，讓幼兒在遊戲中自主學習和發展創造力及解決問題的能力。

(九) 社區參與

透過社區探索與互動，讓幼兒發現在地文化、自然環境中的美感和創意表達。

(十) 美學設計

設計具有美感的學習空間，激發幼兒對周遭環境的感知。

室外活動空間應結合安全與教育，強調幼兒與自然的互動，提供安全環境，促進知識與技能獲取，培養環境意識，深化家庭連結，強化社區互動，並具備美學設計，打造安全且教育豐富的學習空間，協助孩子在自然中成長。

第五節 音樂的融入 —— 溫馨氛圍

音樂作為藝術形式，能豐富情感表達和美感體驗。本節探討將音樂融入日常活動和教學，以營造溫馨、富有節奏和情感的學習環境，促進幼兒的情感和認知發展。從「建築是凝固的音樂」這一觀點出發，建築可視為立體藝術，幫助幼兒理解空間、形狀和結構，例如透過建築積木或模型遊戲培養創造力和空間想像力。音樂作為時間的織體藝術，透過歌曲、節奏遊戲和樂器演奏，幼兒表達情感，學習節奏、旋律和音高，促進語言發展、情感調節和社交能力。

綜上所述，從幼教的角度看，建築與音樂的教學不僅可以豐富幼兒的藝術體驗，也是一種有效的教育方法，有助於促進幼兒的全面發展。

(一) 建築遊戲中的音樂引導

在幼兒進行建築積木或模型搭建的過程中，可以播放與其相關的音樂

如古典樂、民族樂或環境音樂。在音樂引導下，幼兒在建築遊戲中不僅能夠享受到聽覺刺激，還能夠透過音樂的節奏和情感表達，增強其情緒認知和社交互動技能。

(二) 音樂節奏與建築結構的比喻

幼兒透過比較建築的結構與音樂的節奏，直觀理解它們的相似性，促進感知和認知發展。

(三) 音樂與建築的共同創作

鼓勵幼兒透過創作音樂表達建築的看法和感受，或者透過建築創作詮釋音樂的情感和意境，培養他們的創意和藝術表達能力。

(四) 環境音樂與建築環境的融合

在活動空間設計中融入環境音樂，例如模擬建築工地的音效，提供幼兒身臨其境的建築體驗，豐富其感官和理解能力。

(五) 音樂融入幼兒對環境美的感受

「音樂是流動的建築」，建築與音樂的跨領域融合為幼兒帶來多元且創新的學習模式，豐富其美感素養和藝術體驗，同時全面促進感性、認知、情感和社交技能的發展。

本章討論問題

1. 請說明瑞吉歐・艾米利亞方案（Reggio Emilia Approach）中，學習環境如何成為幼兒的第三位教師，並探討此方案如何透過提供具啟發性和美感的學習環境，促進幼兒全面發展。

2. 潛移默化的教學模式如何透過環境營造，在幼兒園中培養孩子的感知能力和美感鑑賞力？請以具體例子說明其影響和實際運作。

3. 幼兒教育中，為什麼環境設計不僅關乎安全與功能，還是一種教學策略？請舉例說明「綜合性幼兒友善學習環境設計」對幼兒的學習成效和全面發展的幫助有哪些？

第十章

幼兒豐富的感官經驗與蘊義

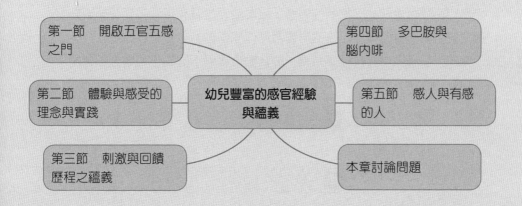

第一節　開啟五官五感之門

第二節　體驗與感受的理念與實踐

第三節　刺激與回饋歷程之蘊義

幼兒豐富的感官經驗與蘊義

第四節　多巴胺與腦內啡

第五節　感人與有感的人

本章討論問題

　　在教保課程大綱美感領域中，感官經驗的探索在幼兒教育中不僅是表達自我的方式，更是幼兒探索世界的重要途徑。幼兒透過視、聽、嗅、味、觸覺全方位感受和欣賞美，並享受藝術創作的喜悅。

　　藝術與美感的領域為幼兒提供了一個豐富多彩的學習和成長空間，使他們能夠在藝術創作和體驗中發展自己的潛能，透過豐富的感官經驗，建立起對美的敏感性和欣賞能力。

●本章學習目標

1. 啟發幼兒的感官敏銳度，鼓勵從多感官中探索美的啟示。
2. 透過藝術創作促進幼兒情感的自由表達，同時培養其創造力和自我認識。
3. 培養幼兒對藝術作品的批判性思考，鼓勵他們欣賞和接受多元藝術觀點。
4. 探索藝術創作對心理滿足感的影響及創作愉快動力來源。
5. 引導幼兒在藝術中尋找情感共鳴，並鼓勵分享與不同文化和歷史的連結。

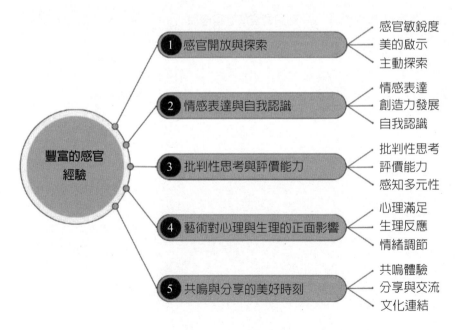

圖 10-1　學習目標

第一節 開啟五官五感之門

　　幼兒透過五官五感的學習過程，可以說是對外界物質與環境的初步認知的啟動，更是啟發其感官敏銳度的重要途徑。在這關鍵時期，幼兒開始對視覺、聽覺、嗅覺、味覺和觸覺等五種感官進行探索，透過對不同刺激的體驗和感知，他們能夠對世界產生更加細膩和豐富的認知。五感的學習，可以培養鑑賞的能力（陳漢倫，2021）。在幼兒早期發展階段，五官五感學習是激發感官敏銳度的關鍵，幫助他們積極探索多重感官世界，並建立精確、豐富的認知結構與內心世界（圖 10-2）。

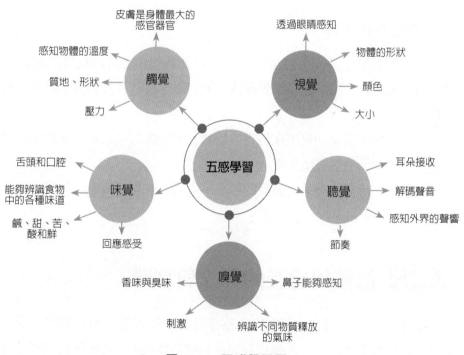

圖 10-2　五感學習圖

一、啟動開放式探索

感官開放性探索豐富幼兒生活體驗，並啟示其理解美。透過多感官體驗，幼兒全面感知和欣賞環境中的美，提升藝術鑑賞能力。

(一) 啟動視覺：主要透過眼睛感知外界物體的形狀、顏色和大小。

(二) 啟動聽覺：透過耳朵接收和解碼聲音，感知外界的聲響和節奏。

(三) 啟動嗅覺：鼻子能夠感知和辨識不同物質釋放的氣味。

(四) 啟動味覺：舌頭和口腔能夠辨識食物中的各種味道，例如鹹、甜、苦、酸和鮮。

(五) 啟動觸覺：皮膚能夠感知物體的溫度、質地、形狀和壓力等。

二、感官共同作用

幼兒的五官五感學習是認知發展的啟動機制和感官敏銳度的關鍵途徑。透過視、聽、嗅、味、觸覺探索，他們建立細膩豐富的世界觀和認知結構。

多感官學習豐富幼兒內在世界，培養其鑑賞能力。五官五感的學習促進初步認知，激發感官敏銳度。

「體驗與感受」是幼兒發展的核心，透過五官學習與感官探索，幼兒能認識外界。

第二節 體驗與感受的理念與實踐

藝術美感教育開啟幼兒感官，從多感官中發現美。不僅培養技能，更啟發敏感度和創造力，促進自我表達和批判性思維。藝術讓幼兒享受快樂，同時在美的體驗中成長，鑑賞能力與價值觀的形成更能豐富其精彩人生。

表 10-1 幼兒五感體驗與感受

五官五感	感知	內容	體驗與感受
視覺	透過眼睛感知外界物體的能力	對物體形狀、顏色和大小等特性的認知。	認識周圍的環境和物體，還能啟發他們對美的敏感性，促進對藝術和自然界的欣賞
聽覺	聽覺能力允許幼兒接收和解碼來自外界的聲音和噪音。	能夠認識不同的聲音源和節奏，並學習區分聲音的高低、強弱和節奏。	音樂和語言發展具有重要意義。
味覺	幼兒辨識食物的不同味道。	透過味覺的體驗，幼兒能辨識甜、酸、鹹、苦和鮮。	培養對食物的偏好和鑑賞，同時也促進他們對營養和飲食健康的認知。
觸覺	感知物體質地、溫度和形狀的重要途徑。	探索和體驗外界的實體特性。	建立對物體的直接認知，並培養對質地和形狀的敏感性。
嗅覺	幼兒感知和辨識不同物質釋放的氣味。	認識到周遭環境的變化，還能啟發他們對環境和生活的詮釋	培養他們的觀察和反思能力。

　　幼兒五感體驗課程需建立安全舒適的學習環境，選擇適當材料保障其學習安全和減壓，促進身心健全發展，不僅是目標，更是持續過程，需提供恰當條件和支持。鼓勵積極探索和實踐學習，引導參與社會互動和集體活動，培養人際關係和團隊合作能力。

第三節　刺激與回饋歷程之蘊義

　　在幼兒的學習與發展中，「刺激與回饋的歷程」在五官五感的體驗學習中扮演核心角色。這個學習領域涉及幼兒透過感官的深入探索和體驗，對外界刺激產生多樣化的反應，並從這些反應中獲得適當的回饋。這種互

動不僅有助於幼兒建立有效的環境互動，還對其情感、認知和行為發展具有深遠的影響。

以「S・M・A・R・T・A・R・T」結構提供對「刺激與回饋的歷程」學習領域的分項敘述（圖 10-3）：

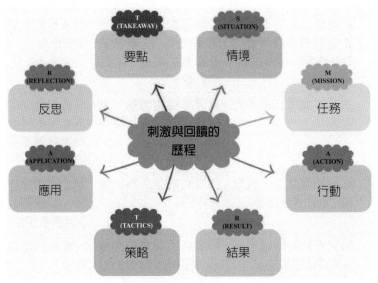

圖 10-3　S・M・A・R・T・A・R・T 刺激與回饋的歷程

㈠ S（Situation）情境

幼兒透過感官體驗探索外界環境，五官五感為他們提供了與世界互動的窗口。

㈡ M（Mission）任務

幼兒透過感官體驗，接觸並理解外界刺激，並開啟了他們對外界的初步認知。

㈢ A（Action）行動

幼兒對外界的刺激產生情感、認知和行為反應，能夠反映他們的感知和理解。

（四）R（Result）結果

幼兒透過外界的回饋學習和調整自己的行為，有助於與外界和他人的良好互動。

（五）T（Tactics）策略

幼兒透過豐富的感官體驗來探索外界，給予正面的、具體的探索和學習。

（六）A（Application）應用

幼兒透過與他人的互動學習表達和理解情感，有助於社會情感技能和人際互動能力。

（七）R（Reflection）反思

刺激與回饋的歷程是學習和發展的工具，也是幼兒個體和社會環境互動的體現。

（八）T（Takeaway）要點

幼兒透過「刺激與回饋的歷程」建立與環境的有效關係，豐富感官體驗，促進情感、認知和社會技能的全面發展。

「刺激與回饋的歷程」是幼兒透過感官體驗探索外界並產生反應的過程，促進其情感、認知、社會技能及自我調節能力的全面發展。

第四節 多巴胺與腦內啡

研究指出運動與活動能夠刺激多巴胺、血清素和腎上腺素的釋放，這三種神經傳遞物質與學習過程有密切的關聯。尤其以「運動」最為明顯。

「零時計畫」（Zero Hour PE）是一種特殊的體育教學方法，與傳統的體育課程有顯著不同之處。這種方法專注於在正式上課之前，即學校開始前的時間段，讓學生參與體育活動，其重點在於提升整體體適能而非特定的運動技能或遊戲。「零時計畫」不同於傳統的體育課程，它的主要目的在於教導學生如何監控和維護個人健康，並建立長期的健康生活習慣

（謝維玲，2009）。此教學方法鼓勵學生持續參與運動，促進身心健康發展，並在支持性環境中建立自信和身體意識。

在「刺激與回饋的歷程」中，多巴胺和腦內啡發揮重要生化作用。多巴胺激發幼兒對新奇刺激的興趣和學習動機，而腦內啡則在接收到正面回饋時釋放，增強幼兒對正向刺激的愉悅感和正面情感體驗，進一步促進他們的積極學習和互動行為。

一、多巴胺對幼兒的認知發展與學習過程的影響

在運動中，多巴胺和腦內啡等神經傳遞物質釋放，提升幼兒的心情和情緒調節，同時促進學習和記憶功能。這些化學物質增強了幼兒對學習活動的興趣和動機，激發他們積極參與學習過程。多巴胺也有助於注意力集中，提高學習效率，促進長期學習記憶的形成。

二、運動有助於釋放腦內啡

腦內啡被稱為「天然鎮痛劑」，運動後釋放有助於減輕幼兒的疼痛感和不適，同時減少壓力和焦慮，促進更有利於學習的環境。腦內啡的存在促進情感穩定，培養正面學習情感，增強自信和自尊，提升學習動機和效果。教師可在課前引導幼兒進行運動，刺激腦內啡釋放，幫助他們鎮靜大腦、舒緩壓力，並享受愉快的學習體驗。

三、運動刺激學習

運動後的多巴胺和腦內啡釋放對幼兒學習有積極促進作用。透過運動，不僅提升身體健康，還促進認知發展、提升學習效率，替幼兒後續學習奠定基礎。因此，提供幼兒充足運動機會及環境相當重要。

我們可以運用遊戲和活動來促進幼兒的運動參與，並從中觀察多巴胺和腦內啡釋放對學習的影響。

(一) 教學實例

活動名稱：快樂傳接球比賽

目標：透過接力賽活動，鼓勵幼兒積極參與運動，並觀察運動後的情緒和
　　　學習表現。

活動流程：

1. 熱身遊戲：舉辦一些簡單的熱身遊戲如模仿動物走路、旋轉圈圈等，以
幫助幼兒準備好進行接力賽。

2. 接力賽：將幼兒分成幾個小組，每組輪流進行短距離接力賽。在賽跑過
程中，教師可以用歡呼、鼓勵的話語來激勵幼兒，並在比賽結束後給
予他們肯定和鼓勵。

3. 反思和討論：賽後，教師可以與幼兒討論他們在比賽中的感受，以及他
們如何感受到快樂和成就感。透過討論，可以觀察到幼兒情緒和學習
的影響。

(二) 教學觀察

在活動過程中，教師需要細心觀察幼兒的表現，尤其是他們參與運動
後的情緒變化和學習動機。比如孩子在完成接力傳接球比賽後是否顯得更
加快樂和自信？他們的學習動機是否因此提升？

(三) 運動教學後的回饋

透過「快樂傳接球比賽」這樣的活動，我們可以實際觀察到運動後多
巴胺和腦內啡的釋放如何對幼兒的情緒和學習產生正面影響。同時，這樣
的活動也能夠激勵幼兒積極參與運動，養成良好的生活習慣，並促進其全
面健康發展。

第五節　感人與有感的人

在幼兒情感發展中，五感體驗至關重要，有助於建立深厚情感連結和
增強情感表達與認知能力。本章探討如何促進幼兒五感體驗，引導其成為

感知豐富的人，對情感成長和社會互動具正面影響。幼兒透過五感體驗，與環境互動，感受到世界的美好，啟發其情感共鳴和理解能力。

在幼兒教育中，我們應重視五感體驗對情感發展的重要性，創造豐富的學習環境。透過音樂、視覺藝術和觸覺遊戲等多元活動，引導幼兒積極參與感官體驗，豐富其情感世界。同時注重情感表達和理解的教育，培養幼兒表達和理解情感的能力，成為有感知的人。美感經驗可以視作美感教育進行途中或結束時所產生的「收穫」，美感經驗誘使受教者能完成對「美的欣賞力」、對「美的感受力」，進而使自身產生對「美的創造力」（陳木金 1999）。美感經驗是美感教育的重要「收穫」，它培養受教者的「美的欣賞力」和「美的感受力」，透過五官五感的體驗學習，深化對美的理解和感受。這種經驗不僅加強對美的認知，也促進感官整合能力的發展。最終，受教者能夠激發「美的創造力」，將所學轉化為藝術創作或創新思考，豐富自身的創意和想像力。因此，美感經驗與五官五感體驗學習密切相關，共同促進全面的美感教育和個人發展。

一、相應能力

「感人與有感的人」教學活動透過充實的感官體驗、情感表達和情感理解，幼兒將能夠建立起豐富的情感世界，並成為具有情感連結和情感智慧的人。

(一) 視覺感知

視覺感知能力是幼兒認識外界環境、辨識物體和人物、理解空間結構的基礎。

1. 空間認知能力：幼兒能夠理解和辨識物體的位置、大小和方向。
2. 視覺辨識能力：幼兒能夠識別和記住不同物體的特徵和形狀。
3. 觀察和比較能力：幼兒能夠仔細觀察和比較不同的物體或情境。
4. 實踐策略：提供彩色圖片和視覺藝術活動，鼓勵幼兒觀察、比較和描述，培養其觀察和思考能力。
5. 實務經驗：在教學中，設計一個觀察日常物品的活動，讓幼兒使用放大

鏡觀察物品的細節，並描述它們的顏色、形狀和大小，這有助於他們鍛鍊視覺辨識和描述能力。

(二) 聽覺感知

聽覺感知能力幫助幼兒理解語言、辨識聲音、感知節奏和音樂，促進語言和溝通能力的發展。

1. **語言發展能力**：幼兒能夠理解和使用語言，並進行有效的溝通。
2. **聲音識別能力**：幼兒能夠辨識和區分不同的聲音和節奏。
3. **聆聽和理解能力**：幼兒能夠有效地聆聽和理解他人的話語和指示。
4. **實踐策略**：透過音樂、故事朗讀和聽力遊戲等活動，豐富幼兒的聽覺體驗，培養其聆聽、理解和表達的能力。
5. **實務經驗**：透過音樂和故事時間，讓幼兒聆聽不同風格的音樂和故事，進行討論和分享，增強聽覺識別和語言表達能力。

(三) 嗅覺感知

嗅覺感知能力幫助幼兒辨識不同的氣味，探索世界，並與情感和美好的記憶緊密結合。

1. **氣味辨識能力**：幼兒能夠辨識和記住不同的氣味。
2. **情感和記憶連接**：幼兒能夠將特定的氣味與情感和記憶相連接。
3. **嗅覺記憶能力**：幼兒能夠透過氣味回憶起過去的經歷或情境。
4. **實踐策略**：提供多種自然和人造氣味的體驗如花香、食物、香料等，引導幼兒感知、比較和描述氣味，激發其創造力和記憶能力。

(四) 味覺感知

味覺感知能力幫助幼兒辨識食物的味道，探索食物文化，並與食物選擇和相關營養緊密相關。

1. **食物識別能力**：幼兒能夠辨識和描述食物的味道。
2. **健康飲食選擇**：幼兒能夠區分和選擇健康和不健康的食物。
3. **味覺記憶能力**：幼兒能夠透過味道回憶起過去的經歷或情境。
4. **實踐策略**：讓幼兒品嚐各種風味的食物如甜、酸、苦、辣等，並進行描述和比較，培養健康飲食習慣和味覺敏感性。定期舉辦烹飪活動，讓

幼兒親手製作和品嚐食物，有助於認識不同的味道和學習健康飲食。

(五) 觸覺感知

觸覺感知能力幫助幼兒理解物質的性質、溫度、形狀和紋理，促進手眼協調和精細運動技能的發展。

1. 紋理和形狀識別能力：幼兒能夠辨識和描述物體的紋理、形狀和大小。

2. 精細運動技能：幼兒能夠進行精細和粗糙運動如握筆、剪紙等。

3. 溫度和壓力感知：幼兒能夠感知物體的溫度和壓力，並做出適當反應。

4. 實踐策略：提供泥土、水、布料等多種觸感材料和活動，讓幼兒觸摸、揉捏和操作，培養觸覺敏感性和手部技能。

5. 實務經驗：經常舉行手工藝活動，讓幼兒使用不同的材料進行創作，例如泥塑、布藝等，這有助於他們培養手眼協調和精細運動技能。

二、環節緊密相連之統整概念

感官整合能力在幼兒發展中至關重要，展示出卓越的感官協同運作，有效地整合光線、聲音、溫度等多元感官資訊，進行精確的感知和反應。此外，幼兒能準確識別和命名感官刺激，並運用這些資訊解決問題和做出決策（圖 10-4）。

(一) 感官整合能力

1. 感官協同運作：幼兒能夠將多個感官資訊整合，進行有效的感知和反應。

2. 環境適應能力：幼兒能夠適應不同的感官環境如光線、聲音和溫度等。

3. 感官探索與好奇心：幼兒展現對周圍環境的好奇心，主動進行感官探索和學習。

感官整合能力

感官認知與策略運用

情感與社會發展

創意與表達能力

情感連結的建立與深化

情感智慧的培養與發展

圖 10-4　統整概念圖

(二) 感官認知與策略運用

幼兒的感官發展包括幾個關鍵層面。他們能夠生動描述感官刺激，這促進了語言能力和表達技巧的發展。此外，幼兒學會運用感官資訊解決問題和做決策，提升了他們的靈活性和自信心。這些能力的培養不僅豐富了幼兒的個人發展，也為未來的學習和社交互動奠定了基礎。

策略運用可以分為幾個步驟，來確保有效性和實施的順利進行（圖10-5）：

圖 10-5　感官認知與策略運用流程圖

1. **目標設定與規劃**：確定明確的目標和計畫，包括希望達到的結果和預期的成效。這一步驟有助於確定行動的方向和重點。
2. **資源準備與配置**：確保所有必要的資源和工具都準備就緒，以支持策略的實施和操作。這可能包括物資、技術支援和人力資源等方面的準備工作。
3. **實施和執行**：根據計畫進行策略的具體實施，確保每個步驟都按照規劃進行。這包括適時的行動和資源調配，以確保達成預期的結果。
4. **監控與評估**：定期監控策略的進展和效果，並進行評估以確定是否需要調整或改進。這一過程有助於保持策略的有效性和適應性。
5. **調整和改進**：根據評估的結果和回饋，進行必要的調整和改進。這可以是對策略本身的調整，也可以是對實施過程中遇到的問題和挑戰的應對措施。

上述步驟相互環節緊密相連，確保整體策略在實施過程中的有效性和一致性。透過清晰的目標設定、資源準備、實施、監控與評估以及持續的

改進，可以有效提升幼兒在感官整合能力及其他發展領域的學習與成長。

(三) 情感與社會發展

幼兒的感官發展涵蓋感官識別技能、情感調節、社會互動及文化認知等多重層面。透過感官體驗，他們能有效調節情感，例如運動釋放壓力以增強情緒管理能力。

(四) 創意與表達能力

幼兒的感官發展涵蓋感官表達和創意思維等關鍵領域。透過感官體驗，啟發創意思維，表達個人想法和感受，培養創造性解決問題的能力。

(五) 情感連結的建立與深化

在幼兒教育中，豐富的感官體驗是建立和深化情感連結的關鍵策略。這些體驗幫助幼兒與自己、他人和環境建立深層次情感連繫，對社會情感學習和心理健康具有重要影響。透過視覺、聽覺、嗅覺、味覺和觸覺的體驗，幼兒擴展感知視野，豐富情感世界，更深刻地理解和表達情感。

(六) 情感智慧的培養與發展

情感智慧是現代教育的核心，涉及個體情感健康和社會互動的能力。從幼兒期開始培養，教學者透過活動如模仿、角色扮演和故事討論，引導幼兒認知、理解、表達和管理情感。

五感體驗是幼兒情感發展的核心，透過感官互動，幼兒與世界建立深厚情感連結，感受世界的美好和多樣性。教師應成為情感引導者，以溫暖和關懷引導幼兒建立積極情感連結。家庭和社區的參與至關重要，共同促進幼兒情感全面發展，同時提升語言、認知、社交和創造力等多方面能力。

本章討論問題

1. 在美感之領域中，你認為幼兒如何透過感官經驗探索世界中的美，以及這樣的探索如何促進他們的認知發展和創意思考？

2. 幼兒在「刺激與回饋的歷程」中，透過五官五感的體驗和外界的互動，不僅建立與環境的有效關係，同時也促進了其情感、認知和社會技能的全面發展。請以你的幼教專業視角，詳細探討這一過程對幼兒成長的重要性和影響。

3. 如何透過豐富的感官體驗來促進幼兒的情感發展？請舉例說明其中一種感官體驗如何幫助幼兒建立情感連結和情感理解能力。

第十一章

幼兒創思力及其蘊義

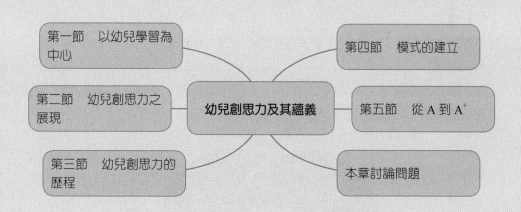

第一節　以幼兒學習為中心

第二節　幼兒創思力之展現

第三節　幼兒創思力的歷程

幼兒創思力及其蘊義

第四節　模式的建立

第五節　從 A 到 A$^+$

本章討論問題

　　幼兒創思力的發展涉及認知、情感和社交等多個層面。在以幼兒爲中心的學習環境中，透過教學者的引導，幼兒從模仿走向創造，從被動接受轉向主動探索。

　　我們的目標是從 A 到 A+，將幼兒的創思力發揮到最佳狀態。這不僅需要教學者的努力，更需要家庭和社會的支持和參與。透過共同努力，我們可以爲每一位幼兒打造一個充滿探索和創造的學習空間，讓他們在未來的學習旅程中持續閃耀。

● 本章學習目標

1. 激發幼兒創造力：引導幼兒發揮對新事物的好奇心和想像力，培養他們獨特的創造力。
2. 培養解決問題能力：幼兒將從多角度思考問題，提出解決方案，並積極尋找解決方法。
3. 強化團隊合作精神：學習與他人合作，共同完成任務，並有效地溝通、協調和分享資源，培養出良好的團隊合作精神和社交能力。

圖 11-1　學習目標

第一節　以幼兒學習爲中心

在教學中，重視以學習者爲中心是培養幼兒創造性思維的關鍵。透過提問和課堂環境的設計，教師能夠有效激發幼兒的創造力，引導他們逐步發展更豐富的創造性思維能力。

一、探索與啟發引導出創思力

美的追求是人類本能之一，藝術創作在此中扮演關鍵角色，表達美感與啟發探索。透過探索事物，我們感受美的存在，享受藝術帶來的美感經驗。

藝術創作在幼兒創造思考力的培養中扮演著重要角色，啟發他們的想像力和表達能力，展現獨特的情感和內在世界。而在幼兒的藝術創作中，創思力展現爲多種形式，包括變通、獨創力和流暢力。變通力使幼兒能靈活運用不同材料和方法，創作出多樣化的作品；獨創力讓他們表現出個性化的創意，展現獨特的藝術風格；流暢力則促進作品的自然流暢，使觀眾更容易理解和欣賞。這些創思力的結合，不僅提升了幼兒的藝術表現水準，還豐富了他們對藝術的體驗和理解，自然而然產生與藝術的互動和交流（表 11-1）。

表 11-1　探索與啟發之核心價值

創作探索與感受	創思力表現	價值
喜歡探索創作	變通力	靈活性和多樣性
想像力的展現	獨創力	創造性和獨特性
感受與回應	流暢力	流暢性和連貫性

二、領域內涵與開展創思力

在幼兒成長過程中，美感的培養已於前面章節敘述。美感是主觀感受，更代表對周遭事物的理解與感知，幼兒透過探索各種藝術媒介如視覺藝術、音樂和戲劇扮演等，展現自己的想像和創造力，並對藝術作品做出回應和賞析。

(一) 感知和探索能力

透過感知周遭環境中的事物，幼兒能啟發想像力和創造力。

(二) 表現和創作能力

幼兒透過繪畫、手工藝、音樂和戲劇等藝術活動，展現豐富的想像力和創造力，並提升自信和表達能力。

(三) 回應和賞析能力

幼兒透過觀察、聆聽和參與各種藝術活動，培養對藝術作品的回應和賞析能力，激發創造性思維。

(四) 想像力和創造性思維

幼兒透過想像力的培養，將自己的想法和幻想轉化為獨特的作品和表演，促進創造性思維的發展。

三、對應美感領域的課程目標與創思力

以幼兒為中心的教學理念強調培養美感，鼓勵幼兒透過親身體驗生活環境中的美感，從而涵養情感和感受（表 11-2）。

表 11-2　以幼兒為中心的課程目標與創思力

指標	內涵	創思力
美 -1-1 體驗生活環境中愉悅的美感經驗	體驗生活環境中的美感	美的敏感度，並開啟創造思維
美 -1-2 運用五官感受生活環境中各種形式的美	五官感受生活環境中各種形式的美	美的感知和理解能力
美 -2-1 發揮想像並進行個人獨特的創作	關注幼兒的個人發展和創造思考力	自信心和表達能力

指標	內涵	創思力
美 -2-2 運用各種形式的藝術媒介進行創作	幼兒的主動參與和自主學習	藝術表達能力
美 -3-1 樂於接觸多元的藝術創作，回應個人的感受	主動參與和積極回饋	藝術的興趣和理解能力
美 -3-2 欣賞藝術創作或展演活動，回應個人的看法	幼兒的個人發展和主觀感受	觀察、聆聽和評價

　　教學者鼓勵幼兒發揮想像力和創造力，透過各種藝術媒介進行創作。以幼兒為中心的教學模式提供了自由表達想法和情感的平台，進而激發了幼兒的創造思維和表達能力。這種教學方法有助於培養幼兒的藝術表達能力和自信心，促進其全面個性的發展。

第二節　幼兒創思力之展現

　　幼兒天生就具有獨特的創造力，每個孩子都有自己獨特的表現方式。教學者應該以傾聽、微笑和關愛的眼神或口頭讚美等積極方式來接納和鼓勵幼兒展現他們的創意。應儘量避免以示範的方式來指導幼兒練習各種技巧。透過引導的方式，鼓勵幼兒嘗試使用不同的素材和工具。當幼兒遇到問題時，教學者應該讓他們思考解決問題的策略。

一、幼兒創思力展現

　　豐富面向之十方展現（圖 11-2）：

(一) 想像力

幼兒展現了豐富的想像力，能夠自由地探索和想像各種情境和故事。

(二) 創造力

透過繪畫、手工藝、音樂等方式創作出獨特的作品。

圖 11-2　幼兒創思力之展現

(三) 表達能力

透過藝術媒介表達情感和想法，例如透過色彩、形狀和聲音等方式表達內心世界。

(四) 探索精神

幼兒具有對未知世界的探索精神，勇於嘗試新事物，透過探索來擴展知識和經驗。

(五) 創意思維

幼兒展現了豐富的創意思維，能夠靈活地運用想像力和創造力解決問題，提出獨特的觀點和想法。

(六) 感知能力

幼兒能夠敏銳地感知周圍環境中的細微變化，從中獲取靈感和創作素材。

(七) 問題解決能力

幼兒能夠以創意和靈活的思維找到解決問題的方法。

㈧ 合作精神

幼兒能夠與他人合作，共同創作出有意義的作品，體現出良好的團隊合作精神。

㈨ 專注力

幼兒展現了在創作過程中保持專注的能力，全神貫注地投入到自己的創作活動中。

㈩ 評價能力

幼兒能夠對自己和他人的作品進行客觀評價，提升自己的創思力表現。

二、掌握架構、啟動量能

觀察幼兒在學習環境中展現的豐富創造力。透過各種藝術活動如繪畫、捏塑、音樂等，幼兒以獨特的方式表達情感，透過色彩、形狀和聲音，展現出他們內心的世界。

第三節　幼兒創思力的歷程

幼兒創思力在其成長與學習中有著奇妙與神奇的轉化，關於創造思考的研究亦是因時代環境的轉變而有所修正。Rhode（1961）整理諸多有關創造力定義的文獻，將創造力理論統整出四大面向，分別是歷程（process）、產品（product）、個人（person）與環境（place），亦可稱為 4P。因此，對於創造思考的定義有基本的概念與方向。

從認知心理學的觀點來看，美國心理學者 Guildford（1950）將創造力視為基本認知能力，區分為「聚斂思考」與「擴散思考」，後者包括流暢、變通與獨創。Guildford 提出的這種分類為研究者提供了一個有價值的框架，用於深入研究創造思考的各個方面。從這個角度來看，創造思考不僅僅是一個單一的能力，而是一個多面向的概念，包括了多種認知過程和能力的結合。

有關認知領域教育目標，Bloom（1956）將其分成六個層次，知識、理解、應用、分析、綜合、評鑑。Aderson 於 2001 年新增「創造」為最高層次，其認知歷程向度為記憶、了解、應用、分析、評鑑、創造。

隨著對創造力研究的不斷深入，研究者們也開始注意到創造力在不同文化背景下的表現和發展。相關研究表明，文化因素對於創造思考的形成和表現具有重要影響，這也為創造力研究提供了更加多元化和豐富的視角。

一、創思力發展歷程

說明如下（圖 11-3）：

探索與觀察 ▸ 想像與表達 ▸ 合作與交流 ▸ 持續學習與改進

圖 11-3　創思力發展歷程

(一) 開啟探索與觀察的大門

在這階段，幼兒透過觀察和互動，開始對周遭世界產生興趣，對新奇事物充滿好奇心，並透過感官如觸摸、聆聽和觀察來探索環境。

(二) 啟動想像與表達的鑰匙

在這階段，幼兒透過創作故事、角色扮演或繪畫等方式表達個人想法和情感，展現出想像力的重要性。這一階段促進了幼兒自信心和表達能力的發展，並啟發他們探索內在世界的動力。

(三) 團體合作與交流

在這階段，幼兒透過小組活動或合作專案與他人合作，擴展他們的想法和概念。這有助於培養幼兒的合作精神、溝通能力和社交技巧，並促進他們的團隊合作意識。

(四) 持續學習與改進

在這階段，幼兒意識到創造思考是一個持續的過程，透過他人的回饋不斷學習和改進自己的作品。他們開始認識到失敗也是學習的一部分，並

積極尋求改進的方法來提升創造力。

　　幼兒在面對挑戰或錯誤時，會開始思考並試圖找到解決問題的方法，這是一種初步的批判性思考，因爲他們需要評估不同的選擇並做出適當的決策。幼兒透過這樣的過程，培養了對問題的敏感性，並開始學會思考問題的原因和可能的解決方案，這是批判性思維的基礎。

二、觀察工具

(一) 觀察與記錄

　　教師可以透過觀察幼兒在日常活動中的表現，例如玩耍、互動、問題解決等，並將其記錄下來以便分析。

(二) 訪談

　　與幼兒進行開放式的訪談，探討他們的想法、想像力和創意思維，以了解他們的創造思考能力。

(三) 合作專案

　　設計合作性的專案或活動，讓幼兒在小組中共同解決問題或完成任務，觀察他們的合作和創造性思維。

　　幼兒創思力的歷程是動態而緊密相連的，從探索、想像到合作和持續改進。這不僅是學術探索，更是深入理解幼兒思維運作的關鍵。

第四節　模式的建立

　　根據 Guildford（1950）提出的創造力模型，幼兒的美感探索與創作活動可以促進流暢力、變通力和獨創力的發展。美感探索與創作活動鼓勵幼兒流暢地探索各種藝術形式和表現方式，展現流暢力。同時，這些活動也鼓勵幼兒在不同藝術形式間轉換思維方式和創作方法，展現變通的能力。

一、教師對幼兒創思力教學模式

在幼兒教育中，促進創思力是教師的重要任務。本文介紹了一個由五個階段組成的「教師對幼兒創思力教學模式」。第一階段是分析幼兒的需求，確定教學目標。第二階段設計教學策略，構建能激發創思力的活動。第三階段發展相應的教學材料和評估工具。第四階段是實施教學，創造支持創思力的環境。最後，教師在評鑑階段評估幼兒的學習成果，並反思教學策略的有效性。這一模式為教師提供了一個系統化的框架，幫助他們有效地培養幼兒的創造性思維（圖 11-4）。

圖 11-4　教師對幼兒創思力教學模式

二、對應幼兒創思力學習模式之核心價值

在幼兒教育中，培養創思力需要多層次的策略，包括探索與觀察、想像與表達、合作與分享、持續學習和創意發展（圖 11-5）。

圖 11-5　以 ADDIE 對應幼兒創思力模式之核心價值

(一) 探索與觀察

提供多樣化的學習環境和資源，包括自然、藝術和遊戲領域，以激發幼兒的好奇心和探索精神。

(二) 想像與表達

提供各種文學、藝術和表演資源，鼓勵幼兒參與角色扮演、繪畫、手工藝和音樂活動，發揮幼兒的想像力和創造力。

(三) 合作與交流

安排小組活動和合作活動課程，讓幼兒在小組中共同解決問題、完成任務和分享想法，培養他們的合作和團隊精神。

(四) 持續學習與改進

提供具有挑戰性和發展潛力的學習機會，讓幼兒能夠不斷學習和成長，並從中獲得成就感和滿足感。

(五) 創意與想像力培養

提供富有啟發性和挑戰性的創意活動和任務，鼓勵幼兒發揮創造力和想像力，嘗試新的想法和解決方案。

三、整合實踐、提升創新教學力

在幼兒教育中，整合創思力教學模式的核心價值至實際教學是提升創新教學力的關鍵。透過跨學科活動和開放式探索，促進幼兒的自主學習和想像力發展，並透過反思和調整教學方法，持續優化教學策略。

(一) 課程整合與實踐活動的設計

教師應根據幼兒的興趣和需求，將創思力教學模式階段融入日常課程。例如科學課程採用探索性實驗，藝術課程則促進自由創作和展示。

(二) 創造支持創新的學習環境

建立支持性學習環境是促進創思力的基石。提供開放的空間、靈活的材料和工具，鼓勵幼兒自由探索。教師設置探索角和創意工作站，讓幼兒自主選擇和組織活動，教師角色轉為支持者和引導者，而非傳統的知識傳授者。

(三) 評估與反思

評估幼兒創思力發展應結合觀察、記錄和對話，避免僅依賴傳統測驗。教師透過日常活動中的觀察、作品展示和與家長的交流來了解孩子的學習和創造力表現。定期反思教學策略和效果，與同事合作改進教學方法，有助於最大化激發幼兒創造力的策略。

(四) 專業發展與社區合作

教師的專業發展至關重要，學校應提供持續的專業培訓，包括研討會、工作坊和交流活動，讓教師掌握最新的教學方法和理論，並有效應用於課堂。建立與家長和社區的合作關係，邀請他們參與課堂和分享專業知識，促進幼兒創思力的發展。利用社區資源如博物館、圖書館和自然中心豐富課堂內容，擴展幼兒的學習體驗。

(五) 科技的應用

現代科技為創新教學提供了豐富的機遇。教師應善用數位工具和資源如互動白板、教育軟體和網上學習平台，來設計和支持創意活動，這些工具不僅提供更多探索和學習機會，還能促進幼兒在數位環境中的創造性思維。透過虛擬實境（VR）和擴增實境（AR）等新興科技，幼兒可以探索和體驗現實世界中難以接觸的場景和活動，進而激發他們的想像力和好奇心。

綜上所述，幼兒透過感受與回應藝術作品，能夠在不同風格和形式中轉換觀點，展現變通的感知能力。

第五節　從A到A⁺

一、從卓越到創新

卓越至創新的核心價值在於透過創新思維和實踐，激發個體或組織超越現有水準，推進知識、技能和表現至新層次，實現持續成長。這轉變過程不僅在表現上達高水準，更透過新想法、新方法或產品展示創造性和創

新性。

(一) **實踐基礎 —— 掌握課程，成就卓越**

　　在教學實踐中，探索理論與操作的結合是至關重要的。教師應根據理論知識和教學目標，設計相應的實踐活動，促進幼兒的學習和發展。持續的反思實踐有助於教師深入理解教學過程中的挑戰與成果，並進行必要的調整和改進，以提升教學效果，推動幼兒的全面發展（圖 11-6）。

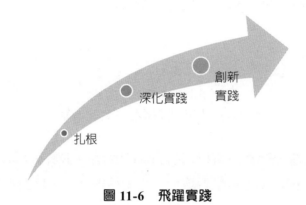

創新
實踐

深化實踐

扎根

圖 11-6　飛躍實踐

1. A 級 —— 深化實踐：
   (1) 深入理解實踐活動中的專業知識和技能，積極探索創新的方法和策略。
   (2) 主動參與實踐項目，獨立解決問題，展現卓越的能力和成就。
   (3) 精心分析和評估實踐活動的成效，並提出未來改進的建議。
2. A⁺ 級 —— **創新實踐**：在實踐中持續創新，開展跨領域項目，有系統地分析成果並提出前瞻性建議，促進領域發展。

(二) **主動積極 —— 活化教學，思維創新**

　　在教學實踐不僅需探索基本原則和方法，還應擴展到跨學科的實踐範疇。教師可以運用跨學科的理論知識設計專題活動或項目，促進幼兒在多學科領域的綜合學習和發展。

　　從卓越至創新的核心價值在於透過創新思維和實踐，激發個體或組織

超越現有水準，推進知識、技能和表現至新層次，實現持續成長。

二、以學生為中心，活化教學

(一) 教學中心蛻變 —— 以學生為中心

「以學生為中心，活化教學」強調重視幼兒的需求和興趣，促進主動學習和全面發展。教師應採用多元化方法和資源，激發學習動機，引導積極參與，培養自主學習和批判性思維（圖 11-7）。

扎根　　　　　　　　　啟發潛能

個性化關懷

圖 11-7　以學生為中心，活化教學

1. A 級——**個性化關懷**：關注幼兒的個性和特點，設計教學活動以滿足他們的需求，創造多元化學習環境，鼓勵積極參與，培養自信心和學習動力。
2. A⁺ 級——**啟發潛能**：深入了解幼兒的興趣和興奮點，激發他們的學習激情和創造力，提供多元的學習資源和工具，培養批判思維和解決問題能力，引導他們成為自主學習者和有創造力的思考者。

(二) 活化精進 —— 轉動學習飛輪

教師可以透過了解每位幼兒的學習風格、興趣和學習需求，調整教學策略和內容。例如使用不同的教學方法如問題導向學習、合作學習或專題研究，以滿足不同幼兒的學習風格。

在現代教育中，「以學生為中心，活化教學」的理念不僅轉變了教學中心的位置，更深刻影響了學習過程的本質。

教師設計個性化教學活動，建立多元學習環境，激發學習動機和自信心，並啟發幼兒的潛能和創造力，培養批判思維和解決問題能力，引導成為自主學習者和有創意的思考者。

三、溫馨共構，正向支持系統

「溫馨共構，正向支持系統」旨在建立溫暖且支持的教育環境，確保幼兒感受到尊重和關愛。透過積極回饋和支持，激勵幼兒參與學習活動，並提供適當引導，促進均衡發展。「溫馨共構，正向支持系統」不僅是理念，更是實現幼兒全面發展的關鍵（圖 11-8）。

溫馨共構　·師生關係　·信任和溝通　正向支持系統　·支持和輔導　·自我評價和反思　·正向激勵機制

圖 11-8　溫馨共構，正向支持系統

(一) 建立溫馨共構氛圍（A 級）

營造親和力強、氣氛融洽的學習環境，建立良好的師生關係，並強調團隊合作和互助精神，讓每位幼兒感受到被尊重和關愛，形成積極的學習氛圍。

透過營造具親和力且氣氛融洽的學習環境，幼兒園致力於建立良好的師生關係，進而促進師生間的信任與溝通。

(二) 正向支持系統的建立（A⁺ 級）

提供有效的學習支持和輔導服務，建立幼兒自我評價和反思的機制，並建立穩定的正向激勵機制，激勵他們克服困難，持續進步和成長。

幼兒園提供多層次的學習支持和輔導服務，藉以協助幼兒克服學習中的挑戰。同時，透過建立自我評價與反思機制，鼓勵幼兒主動解決問題。

在現今教育實踐中，「溫馨共構，正向支持系統」是實現每位幼兒全面發展的關鍵。此系統建立溫暖、支持的學習環境，讓幼兒在尊重和關愛中成長。幼兒園採用「溫馨創意」的教學方法和「溫暖支持」的學習服務，提供有效的學習支持和輔導，強調學業進步和創意發展。

本章討論問題

1. 幼兒如何透過不同形式展現創思力,如何展現自主學習與個性發展的價值。

2. 透過系統性的理論框架和實踐策略,引導幼兒運用創造性思維,從而促進他們在各個學習領域中的全面發展的模式為何?

3. 請以 ADDIE 模式針對幼兒教學,包括分析幼兒需求、設計教學策略、發展教學材料和評估工具、實施教學,以及評鑑學習成果的過程,簡述階段的重要性。

第十二章

幼兒視覺藝術檢核與省思之想—響—享

第一節　了解幼兒藝術創作的起點行為

第二節　檢視修正再出發

第三節　成果的展現

幼兒視覺藝術檢核與省思之想—響—享

第四節　教師的教學歷程檔案及其運用

第五節　教育情懷之莫忘初衷

本章討論問題

在幼兒視覺藝術中，理解創作的起點爲核心之關鍵。幼兒透過觀察和感知將生活體驗轉化爲視覺表達，展現想像力和創造力。

本章在論述探究幼兒學習指標的理論基礎，著重於幼兒作爲主體、表現評量以及課程本位評量等重要議題。上述核心價值可歸納如下：強調幼兒藝術創作的啟發和想像力促進，包括創作起點的理解、檢視與修正，以及成果的展示，透過教師的教學歷程檔案和對教學初衷的堅持，反映了對幼兒藝術教育中學習與成長的引導和關注。

● 本章學習目標

1. 理解幼兒視覺藝術創作的起點行爲，包括觀察和感知周遭環境的能力。
2. 幫助幼兒將觀察和體驗轉化爲視覺表達的方法，培養其想像力和創造力。
3. 掌握在幼兒藝術教學中檢視、修正和展示幼兒作品的技巧，以促進其自信心和成長。

圖 12-1　學習目標

第一節 了解幼兒藝術創作的起點行為

　　幼兒藝術創作始於他們對周遭環境的觀察和感知能力，透過表達事物、人物、場景和情感的視覺呈現。這能力的培養至關重要，有助於促進創造力、想像力和表達能力的發展。教育工作者需確保課程完整性和有效性，包括設計目標、內容、教學方法和評量策略，以充分支持幼兒的學習過程（圖 12-2）。

圖 12-2　學習體驗流程圖

　　在教育領域中，課程四要素乃指設計、實施和評估課程的核心元素。其中，目標體現了教學的方向和期望的結果，內容則是所涵蓋的知識和技能，方法則是教學的進行方式與策略，而評量則是對學習成果進行評估與回饋的過程。這些要素相互交織，確保課程的完整性與有效性，同時為學生提供全面的學習支持和指導（表 12-1）。

表 12-1　課程四要素

目標	發展	一種教育哲學觀點、對學習者與社會的看法，然後再逐步發展為具體明確的目標。
內容	選擇	「要教學生什麼」和「如何安排要教給學生的東西」，為了要達到教育的宗旨與目標，這些經過各種文化與價值觀選擇、組織的內容。
方法	執行	執行目標的方法，但會因不同的教師形成不同的教學方法。
評量	判斷	依據教學目標，對學生的學習結果做價值判斷的歷程

一、聚焦在課程的起點行為

　　幼兒的起點行為涉及他們對藝術創作活動的最初反應和興趣，這包括對材料的觸摸、對顏色的感知、對形狀的認知等。起點行為的觀察和理解

有助於教學者了解幼兒的興趣和能力，從而製定適合他們的學習體驗。

(一) 目標（Goals）

教學者可以透過觀察幼兒的起點行為來確定課程的目標，例如促進幼兒的感知發展、提高他們對藝術材料的興趣、培養他們的創造力等。

(二) 內容（Content）

教學者可以根據幼兒展現的起點行為，選擇適合的藝術材料和主題，以滿足幼兒的興趣和需求，同時促進他們的藝術創作能力。

(三) 方法（Methods）

起點行為也指導著教學方法的選擇和應用。教學者可以根據幼兒的起點行為，採用啟發式教學法、示範引導法等不同的教學方法，以激發幼兒的創意和表現，並提供適當的支持和指導。

(四) 評量（Assessment）

起點行為也對評量策略產生影響。教學者可以透過觀察和評估幼兒的起點行為來了解他們的學習進展和表現，並根據這些資訊調整教學和評估方法，以促進幼兒的全面發展。

幼兒藝術創作的起點行為與課程四要素密切相關，它影響著課程目標的設定、內容的選擇、教學方法的應用以及評量策略的制定，為教學者提供了重要的指導和依據。

二、從理論上探究起點行為

從發展心理學角度看，幼兒藝術創作的起點行為反映了幼兒認知和感知能力的發展。透過觀察周圍環境，幼兒能更好理解世界，培養對事物的敏感度和理解能力。

表 12-2　相關學理基礎

人物	理論	內容
皮亞傑 （Piaget）	認知發展理論	從感知運動階段到形成邏輯思維能力的形式運算階段。

人物	理論	內容
大衛‧麥克萊倫（David McClelland）	成就動機論	人類的動機可以分為成就需要、權力需要和親和需要三個層次，並強調了成就需要對個人行為和成就的影響。
班杜拉（Bandura）	社會學習理論	人類學習行為不僅受到個人內部因素的影響，還受到觀察他人行為和後果的影響。

(一) 認知發展理論

皮亞傑（Jean Piaget）關注幼兒認知發展的階段性，從感知運動階段到形成邏輯思維能力的形式運算階段。

(二) 成就動機論

大衛‧麥克萊倫（David McClelland）認為人類的動機可以分為成就需要、權力需要和親和需要三個層次，並強調了成就需要對個人行為和成就的影響。

(三) 社會學習理論

班杜拉（Albert Bandura）主張人類學習行為不僅受個人內部因素影響，還受觀察他人行為和後果的影響。

這三位心理學家的理論觀點對幼兒學習的起點行為產生了關鍵影響。皮亞傑強調了幼兒認知發展的階段性，麥克萊倫提出了成就動機論，強調成就需求對個人行為的影響，而班杜拉的社會學習理論則指出學習行為受到觀察他人行為和後果的影響。綜合來看，這些理論豐富了我們對幼兒學習起點行為的理解，為教育實踐提供了重要的啟示，有助於教學者更好地理解和引導幼兒的學習過程，促進其全面均衡的發展。

三、從教育學角度看起點行為

透過引導幼兒觀察與感知周遭環境，教學者可啟發幼兒的好奇心與探索精神，鼓勵他們主動探索世界、表達情感，從而促進其認知、情感、社交與身體等多方面的發展。

當談到起點行為時，從教育學的角度來看，我們可以探討不同學派和代表人物如何理解和應用這一概念（表 12-3）。

表 12-3　從教育學的角度看起點行為

學派	代表人物	學理基礎
行為主義	約翰・華生（John B. Watson）	行為主義認為行為是對刺激的反應，並透過刺激與反應之間的關係來解釋學習。
認知發展理論	皮亞傑（Jean Piaget）	認知發展理論關注幼兒的認知結構和思維過程。
社會文化理論	列・維高斯基（Lev Vygotsky）	社會文化理論強調社會文化環境對個人發展的重要性，特別是語言和社會互動對認知發展的影響。

(一) 行為主義

約翰・華生（John B. Watson）認為行為是對刺激的反應，並透過刺激與反應之間的關係來解釋學習。

(二) 認知發展理論

皮亞傑（Jean Piaget）則關注幼兒的認知結構和思維過程。從這個角度看，起點行為可以被理解為幼兒對環境刺激的認知和理解，這些認知和理解會影響他們的學習和行為。

(三) 社會文化理論

列・維高斯基（Lev Vygotsky）認為社會文化理論強調社會文化環境對個人發展的重要性，特別是語言和社會互動對認知發展的影響。從這個角度看，起點行為可以被理解為幼兒參與社會文化活動的開始，這些活動可以促進他們的語言發展和社會技能的培養。

綜上所述，不同學派對起點行為的觀點提供了多元的理解。行為主義認為行為是對刺激的反應，從而解釋學習。認知發展理論強調幼兒對環境刺激的認知和理解對學習的影響。而社會文化理論則強調社會環境和語言對幼兒行為和學習的塑造。不同理論都強調了幼兒的環境和社會互動對其

行爲和學習的影響，這爲教育實踐和理論研究提供了重要的方向。

四、從藝術教育角度看起點行為

　　幼兒藝術創作的起點行爲可理解爲培養幼兒藝術表達能力的重要途徑之一。透過觀察與感知周遭環境，幼兒可感受到各種色彩、形狀和紋理，並將其轉化爲藝術作品中的視覺元素。這種創作起點行爲有助於培養幼兒的觀察力、想像力與創造力，豐富其藝術體驗與表達方式。

(一) 實踐表達力

　　幼兒藝術創作的起點行爲被視爲培養幼兒藝術表達能力的重要途徑之一。幼兒得以以自己獨特的方式表達內心情感和想法，從而促進其身心靈的全面發展。

(二) 激發學習動機

　　透過觀察與感知周遭環境，幼兒能夠感受到各種色彩、形狀和紋理。這種觀察與感知的過程不僅豐富了幼兒的感官體驗，還激發了他們對藝術創作的興趣和動機。

(三) 美感體現

　　幼兒藝術創作起點行爲的重要性體現在培養幼兒的觀察力、想像力和創造力。透過創作，幼兒能夠探索世界、表達自我，並在過程中不斷發展和成長。

　　幼兒藝術創作的起點在於他們對周遭環境的觀察和感知能力，這是認知發展的重要一環。透過觀察和感知，幼兒能細緻感受視覺元素如色彩和形狀，並將其轉化爲藝術表達的素材，啟發想像力和創造性思維的培養。

　　幼兒藝術創作的起點可以透過多樣的教學資源和活動來實現。教學者應提供豐富的學習機會，引導幼兒觀察和感知周遭環境，並鼓勵他們透過繪畫、塗鴉、拼貼等方式將所見所感轉化爲視覺表達。

第二節 檢視修正再出發

　　對於美感領域的評量主要關注幼兒在各種美感探索和藝術創作中的參與程度，以及幼兒是否能夠享受到樂趣並積極地累積美感經驗。我們應聚焦觀察幼兒的美感情感和獨特創意的發展，而非僅僅追求技能的訓練或成品的呈現。

　　透過日常的觀察和分析，評估幼兒園的環境和教學活動是否能夠激發幼兒的積極情感，並提供豐富的美感體驗。美感領域的評量主要在理解幼兒是否在各類的美感探索與藝術創作的經驗中，能夠盡情享受樂趣及累積豐富的美感經驗（教育部，2017）。需要關注是否提供了足夠的時間、豐富的空間環境、多樣的藝術媒介和深入的引導，讓幼兒能夠充分展現想像力，表達自己的想法，並從中獲得個人的美感體驗。

　　透過觀察和反思教學方法，我們可以提升對幼兒美感發展的支持和教學效果。定期分析幼兒的美感體驗、創造力和表達能力，以確保其在這些領域的全面發展與課程活動的一致性。

一、美感領域內涵架構

　　教保課程中的美感領域，是透過視覺、聽覺、觸覺等多種感官來培養幼兒的審美能力、創造力和藝術欣賞能力。美感領域，包括「探索與覺察」、「表現與創作」及「回應與賞析」三項能力的培養（教育部，2017）。

　　探索與覺察、表現與創作、回應與賞析，透過視覺、聽覺、觸覺的探索，培養幼兒對色彩、形狀、質地及聲音的敏感度。鼓勵使用多媒材進行自由創作，激發創新思維，表達個人想法與情感（表 12-4）。

表 12-4 美感領域內涵架構

分類	內涵	目標	相關課程
探索與覺察	1. 鼓勵幼兒利用視覺、聽覺和觸覺探索世界 2. 介紹不同文化中的美感 3. 多樣化藝術形式的理解和欣賞	培養幼兒透過感官來敏銳區分、命名和描述顏色、形狀、質地及聲音	1. 自然觀察活動 2. 感官遊戲 3. 文化藝術體驗
表現與創作	1. 提供多種媒材和工具 2. 嘗試新技法以激發創新思維 3. 表達內心世界，自我認知和自信	鼓勵幼兒透過多種方式創作，培養創造力和自信心	1. 美術創作活動 2. 音樂和舞蹈活動 3. 戲劇和角色扮演
回應與賞析	1. 觀看和欣賞藝術作品 2. 引導他們用語言或行動回應作品 3. 鼓勵討論和分享	培養幼兒對藝術作品進行回應和評論的能力	1. 藝術作品欣賞 2. 討論與回應活動 3. 情感表達活動

(一) 探索與覺察

1. 內涵：透過鼓勵幼兒利用視覺、聽覺和觸覺探索世界，幫助他們表達對美的情感反應，並介紹不同文化中的美感，以促進對多樣化藝術形式的理解和欣賞。

2. 目標：培養幼兒透過視覺、聽覺和觸覺來敏銳地區分、命名和描述各種顏色、形狀、質地及聲音。

3. 相關課程：

   (1) 自然觀察活動：帶領幼兒在戶外觀察花草樹木、昆蟲和天氣變化，培養對自然美的敏銳感受。

   (2) 感官遊戲：使用不同材質、顏色和形狀的物品進行感官探索，讓幼兒透過觸摸、觀察和聽覺來感受美。

   (3) 文化藝術體驗：組織多元文化主題的藝術活動，例如學習不同國家的舞蹈、音樂和手工藝，讓幼兒體驗和欣賞不同文化的美。

(二) 表現與創作

鼓勵幼兒自由選擇材料和技術進行創意藝術創作，掌握基本的創作技能，並自信地展示和分享他們的作品。

1. 內涵：提供多種媒材和工具，鼓勵幼兒透過繪畫、雕塑、手工、戲劇和音樂等形式自由表現想法，嘗試新技法以激發創新思維，並透過藝術創作表達內心世界，增強自我認知和自信。

2. 目標：鼓勵幼兒透過多種方式自由表現和創作，培養他們的創造力和自信心。

3. 相關課程：

   (1) 美術創作活動：提供顏料、畫筆、黏土、紙張等多種材料，讓幼兒自由創作，表達他們的想像和情感。

   (2) 音樂和舞蹈活動：透過音樂和舞蹈，鼓勵幼兒表現他們對音樂的感受和理解，並用身體動作來詮釋音樂的節奏和情感。

   (3) 戲劇和角色扮演：讓幼兒參與簡單的戲劇表演或角色扮演遊戲，透過故事和角色來表達他們的創意和感受。

(三) 回應與賞析

培養幼兒欣賞和理解藝術作品的能力，能夠進行批判性思考和回應，並在合作中尊重和支持他人的觀點和創作。

1. 內涵：透過觀看和欣賞各類藝術作品，幫助幼兒理解藝術的多樣性，並引導他們用語言或行動回應作品以發展批判性思維，鼓勵討論和分享以表達情感和觀點，培養互相尊重和欣賞的態度。

2. 目標：培養幼兒欣賞美的能力，並能對藝術作品和表現形式進行回應和評論。

3. 相關課程：

   (1) 藝術作品欣賞：帶領幼兒參觀美術館或觀看優秀的藝術作品，並鼓勵他們分享對作品的感受和看法。

   (2) 討論與回應活動：組織小組討論或展示活動，讓幼兒分享和討論他們的藝術創作，並對他人作品給予回應。

(3) 情感表達活動：設置討論環節，讓幼兒討論他們對藝術作品的情感反應，例如某個顏色或形狀如何讓他們感覺快樂或悲傷。

二、從評量指標來看

根據《幼兒園教保活動課程大綱》通則第 8 條規定，幼兒學習評量須由園方、教學者、幼兒及家長共同合作；平時蒐集幼兒學習表現資料並定期彙整與分析，針對幼兒在六大核心素養的學習情形進行總結性評量。

(一) 總則

本評量指標依據課程大綱的六大核心素養建構，共計 29 條評量指標（如表 12-5）。評量基於以幼兒為主體、表現評量及課程本位評量等理論，並不須配合年齡常模來評量幼兒的表現能力。

表 12-5　核心素養及評量指標

核心素養	評量指標
覺知辨識	1. 能覺察自己及他人的特徵及興趣，並能比較異同
	2. 能覺察自己及他人的想法或情感，並能比較異同
	3. 能知道生活規範及活動規則的理由
	4. 能注意且理解周邊的文化訊息
	5. 能理解口語的意義
	6. 能辨識音韻的特性
	7. 能理解敘事文本及訊息類文本的意義，並能依目的使用訊息類文本
	8. 能注意且理解周邊的自然現象訊息
表達溝通	1. 能運用視覺藝術素材表達想法或情感
	2. 能運用圖像符號表達想法或情感
	3. 能運用口語表達想法或情感
	4. 能在對話情境中相互表達、傾聽、協商，並調整自己的想法或情感

核心素養	評量指標
關懷合作	1. 能理解他人之需求，表現利社會的行為
	2. 能表現對動植物及自然環境的關懷
	3. 能理解社區與自己的關係，並正向回應
	4. 能與他人合作完成工作或解決問題
推理賞析	1. 能依據特徵整理生活環境中的訊息，並找出特徵間的關係
	2. 能分析已知的訊息，找出形成特定現象的原因
	3. 能欣賞及回應自己及他人的表現
想像創造	1. 能透過視覺藝術素材進行想像創作
	2. 能透過音樂進行想像創作
	3. 能透過戲劇扮演進行想像創作
	4. 能運用肢體進行想像創作
	5. 能進行敘事文本的想像創作
自主管理	1. 能協調及控制大肌肉，完成肢體動作活動
	2. 能協調及控制小肌肉，完成精細動作活動
	3. 能覺察危險，維護安全
	4. 有良好健康習慣，能進行個人自理及環境清潔
	5. 能調整自己的想法、情緒或行為，以符合規範

資料來源：幼兒園教保活動課程——幼兒學習評量手冊（p.39）

(二) 評量原則

1. 採用典型能力評量，即觀察幼兒整體表現，需在不同情境下至少觀察 2 次以上，且超過半數的表現符合該能力標準。

2. 同一項表現應避免對應超過 3 個評量指標。

(三) 評量指標

1. 覺知辨識：鼓勵幼兒運用感官去感知自己及生活環境中的各種訊息，並幫助他們理解這些訊息及其之間的關係。

2. 表達溝通：引導幼兒運用各種符號表達個人的感受，並鼓勵他們傾聽和

分享不同的見解與訊息。

3. **關懷合作**：悅納自己、他人、環境和文化，並願意與他人協商，建立共識，解決問題。

4. **推理賞析**：運用舊經驗和既有知識，分析、整合及預測訊息，並能欣賞自己和他人的表現。

5. **想像創造**：創新的精神和多樣的方式，表達對生活中的感受。

6. **自主管理**：根據規範覺察與調整自己的行動。

（四）評量流程

1. 教學者需在自然情境中觀察幼兒的行為和表現，並記錄相關資料。

2. 每項指標需觀察到至少 2 次以上，且超過半數的表現符合該能力標準，方可認定幼兒具備該能力。

3. 教學者應避免一項表現對應超過 3 個評量指標，以確保評量的準確性和客觀性。

　　本評量指標旨在全面了解和促進幼兒的美感發展，強調個別差異與全面成長。教學者應根據這些指標，提供適當的指導和支持，促進幼兒在美感、創意表達和藝術參與方面的全面發展。

　　根據《幼兒園教保活動課程大綱》第 8 條，幼兒學習評量需要園方、教學者、幼兒及家長共同參與。

　　美感領域的評量注重幼兒在美感探索和藝術創作中的享受和經驗累積，特別關注美感情意和獨特創意的發展，而非技能訓練或成品展示。

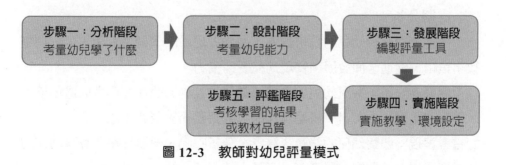

圖 12-3　教師對幼兒評量模式

第三節 成果的展現

一、幼兒的表現

在幼兒教育中，成果的展現是評估學習發展的關鍵。透過觀察和分析，評估幼兒在視覺藝術、音樂和戲劇中展現獨特的感知和創意。

(一) 平日的觀察

1. 好奇心和觀察力：幼兒是否展示出對周遭事物的好奇心，並能運用五官觀察、聆聽、感受生活環境的變化。

2. 創作表現：觀察幼兒在各種創作、扮演或音樂活動中展示的喜悅和快樂，以及他們是否喜歡塗鴉、剪貼、拼圖等多種創作方式。

3. 藝術工具和素材運用：觀察幼兒喜歡使用哪些視覺藝術工具和素材進行創作，以及他們創作的作品在形狀、色彩和空間等概念上的表現。

4. 音樂和表演：觀察幼兒在音樂活動中的參與和表現，例如唱歌和敲擊樂器；同時注意幼兒在扮演遊戲中是否能模仿角色或聲音，以及他們是否喜歡與同儕一起遊戲。

5. 賞析和回應：觀察幼兒對自己或他人的藝術創作的偏好和品味，以及他們對藝術品的感受表達，包括對音樂、戲劇、舞蹈等表演的反應。

觀察是幼兒學習發展的關鍵途徑之一，焦點包括好奇心、觀察力和五官感知能力。教學者應觀察幼兒在創作、扮演和音樂活動中的喜悅與興趣，以及偏好的創作方式如塗鴉、剪貼和拼圖。

(二) 定期分析

透過定期分析幼兒的藝術表現，教學者更了解學習需求和才華，調整教學策略，促進全面發展，實現幼兒藝術潛力。

1. 視覺藝術表現：觀察幼兒與自然或動植物互動的照片，探索周遭環境；檢視塗鴉畫、水彩畫、拼貼等作品，觀察藝術表現和主題。

2. 音樂表現：觀察幼兒的錄音或錄影，分析哼唱、樂器打擊和身體動作的創意表現，並觀察其對音高、音量和節奏等音樂元素的感受。

3. 戲劇扮演：觀察幼兒在扮演區或故事戲劇創作中的表現、紀錄照片或錄影，並分析其對角色或情節的理解與表現能力。

二、自信的表現來自成就的展現

透過視覺藝術作品和自然互動的照片，揭示幼兒的環境感知；音樂錄音評估其音樂感受；戲劇表演照片分析角色理解。

第四節 教師的教學歷程檔案及其運用

檔案應包括明確的教學目標，例如促進創造力、表達能力及藝術欣賞力；課程設計需考量主題、教材整合其他學科；教學方法包括觀察、示範、引導、討論與實作；評估則涵蓋作品集、觀察紀錄與評價標準；幼兒的回饋與評價應被記錄，促進教學反思與改進，以提升教學效果與品質。

幼兒視覺藝術的檢核與省思可與教師的教學歷程檔案相對應，應該包括：

一、教學目標

教師在教學歷程檔案中設定幼兒視覺藝術的目標，包括促進創造力和表達能力，以及培養對藝術作品的欣賞和理解能力。

二、課程設計

在設計幼兒視覺藝術課程時，教師可以採用 ASSURE 模式來有效整合教學策略，以確保課程的豐富性和適切性。首先，教師需分析幼兒的年齡、興趣和發展階段，選擇適合的視覺藝術主題。其次，教師應精心挑選多樣化的教材，包括顏料、畫筆、黏土及紙張，並利用影音資源和書籍，以支持幼兒在視覺藝術上的學習和實踐。教學方法需多元，例如示範、引導、觀察、討論和實作，結合幼兒的遊戲和角色扮演，並跨學科整合，從

而全面促進幼兒在藝術創作中的成長與發展。

（一）主題選擇

　　教師根據幼兒的年齡、興趣和發展階段，選擇適合的視覺藝術主題如色彩、形狀、自然景物等，以激發他們的創造力和表達欲望。

（二）教材選擇

　　選用豐富多樣的教材，包括顏料、畫筆、黏土、紙張等，以及影音資源或書籍，來支持幼兒在視覺藝術上的學習和實踐。

（三）教學方法

　　採用多元化的教學方法，例如示範、引導、觀察、討論和實作等，結合幼兒的遊戲和角色扮演，以及跨學科的整合。

三、教學方法與活動

　　在幼兒視覺藝術課程中，教師採用多種教學方法和活動，包括觀察、示範、引導、討論和實作，促進幼兒全面發展及其藝術創作技能。

（一）觀察

　　透過觀察幼兒對色彩、形狀和材料的反應，了解他們的藝術感知和偏好，從而調整教學策略。

（二）示範

　　教師展示藝術技巧和創作過程，激發幼兒的學習興趣和想像力，並提供實際操作的範例。

（三）引導

　　在幼兒開始自主創作時，教師提供指導和建議，幫助他們克服困難，發揮創意，並達成教學目標。

（四）討論

　　幼兒分享彼此的作品，鼓勵他們相互學習和啟發，同時培養他們的批判性思維和表達能力。

（五）**實作**

課程的核心是實際的藝術創作活動，教師安排幼兒進行各種形式的實作，從平面到立體，以深化他們對藝術表達的理解和感受。

四、教學評估

教學評估在幼兒視覺藝術課程中至關重要，以下是教師如何進行評估的具體方法和步驟：

（一）**目標**

確定評估的主要目標是了解幼兒在視覺藝術方面的學習進展，包括技能發展、創意表達和美感認知能力的提升。

（二）**實務操作**

1. 作品集：教師蒐集和保存幼兒的藝術作品，例如繪畫、雕塑、手工等，以便定期評估其進步和創作能力。
2. 觀察紀錄：教師透過日常觀察和記錄幼兒在創作過程中的表現，包括技巧使用、創意發揮和對材料的應用，以提供更深入的評估依據。
3. 評價標準：可依據教保課程大綱相關指標，對應幼兒的表現力、原創性和對主題的理解，以便客觀地評估每位幼兒的藝術作品。

（三）**教學省思**

教師反思評估結果，分析幼兒的強項和改進空間，以調整教學策略，更有效地支持幼兒的藝術發展。

五、學生回饋

在幼兒視覺藝術教學中，蒐集和分析幼兒的回饋和評價是提升教學效果、支持個人成長的關鍵步驟。幼兒的回饋和評價可以透過多種方式進行蒐集和記錄，包括：

（一）**創作過程觀察**

記錄幼兒在藝術創作過程中展示的興趣、投入度和技能發展。這些觀

察可以透過日常的教學記錄來進行。

(二) 作品成果展示

蒐集並展示幼兒完成的藝術作品,這些作品反映了他們在技術上的成長、創造力的表現以及對主題理解的深度。

(三) 口頭回饋和書面評論

定期與幼兒進行對話,聽取他們對自己作品的看法和感受,也可以透過書面方式蒐集他們的評論。

(四) 記錄幼兒對視覺藝術教學的回饋和評價

包括他們的創作過程、成果和感受。

六、教學反思與改進

敘述教師對教學過程的反思和改進,包括發現的問題、解決方案和未來的改進計畫,以提升幼兒視覺藝術教學的效果和品質。教學反思與改進是不斷提升教學品質的關鍵步驟。以下是教師在幼兒視覺藝術教學中的反思和改進方面的重點(圖 12-4):

圖 12-4　教學反思與改進

(一) 發現的問題

分析教學過程中出現的挑戰和困難,例如幼兒對特定技術或主題理解不足、教學資源不足等。

(二) 解決方案

提出應對問題的具體解決方案,例如增加個別化支持、改進教學方法、調整教材選擇或增強跨學科整合。

(三) 未來的改進計畫

計畫未來如何改進教學策略和活動,包括進一步的專業發展、提升教

學資源和工具的使用效率，以及加強與家長和社區的合作。

七、檢核與省思以推進創新

幼兒視覺藝術的檢核與省思相對應於教師的教學歷程檔案，不僅有助於評估教學表現和專業成長，還能夠明確指出教學優勢與改進空間，提升整體教學品質及教育機構的發展。這種對應強化了教師間的合作和知識分享，推動教育實踐的不斷進步和創新（圖 12-5）。

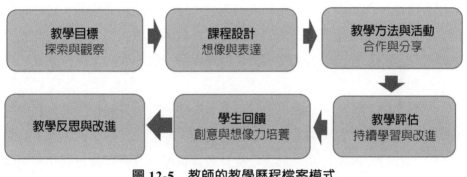

圖 12-5　教師的教學歷程檔案模式

第五節　教育情懷之莫忘初衷

在教學歷程檔案中，主要目的在於提醒教師始終保持對教育初衷的堅持，並且不斷反思、修正教學實踐，以確保教學活動符合教育理念與目標。

在設計幼兒評量時，教師應明確界定評量目標和價值觀，包括尊重幼兒個體差異、促進其發展和學習，並提供有效的支援和引導。持續反思和調整評量實踐，檢視方法和工具的有效性，確保符合教育初衷和教學目標。透過豐富多彩的美感教育活動，幼兒在視覺、聽覺、觸覺等感知管道中探索和表達想像力與創造力，培養主觀美感和情感體驗，促進其全面發展和成長。

一、回顧教育初衷

初衷與教育理念有著深切關係，並帶有深厚的價值觀與使命感。期望能透過教學，為幼兒創造一個豐富、支持和啟發的學習環境，讓他們在美感探索中自信成長，並燃起他們對藝術的熱情和永續的學習動力。

二、轉換教學動能、活化教學量能

在幼兒視覺藝術教學中，教師面臨諸多挑戰。教學資源有限可能限制教學多樣性，例如缺乏特定材料或設施。幼兒的個別差異明顯，包括認知能力、創造性表達和情感需求的不同，要求教師提供差異化支持。此外，家長的期望和教育價值觀也需與教學目標保持一致，教師需保持開放和建設性的對話。

為應對這些挑戰，教師可以採取多重策略。首先是轉化困境，利用現有資源創造多樣學習體驗；其次是正向支持，建立支持性學習環境，鼓勵幼兒表達和分享藝術作品；最後是提升教育量能，透過專業發展和家長溝通，提升教學技能和理解能力，推動教育品質不斷提升。

三、持續學習與成長

教師的持續學習和成長是教育領域中重要的動力源泉，不僅更新專業知識和技能，還激發教學效能和幼兒學習動機。透過教學研究和與同儕的合作，教師能夠分享實踐中的困難與成功，彼此鼓勵和支持。

四、對教學的反思和調整

教師在教學實踐中的深入反思至關重要，透過審視教學目標達成情況和教學方法的效果，他們能夠精確調整策略以提升幼兒的創造力、表達能力和藝術理解能力，並持續改進教學品質和效果。

五、堅持初衷與展望未來

在教育領域中，溫暖關懷與正向支持是不可或缺的教師素養，目的在提升教學品質並塑造共好與共融的教育環境。教師尊重並理解幼兒的個別差異，並透過積極引導與正向激勵促進他們的成長與發展。透過建立互信與共享的教學關係，教師有效引導幼兒面對挑戰、克服困難，同時激發其學習動機與創造力。

教師應以溫暖關懷和正向支持爲基礎，與家長、社區及專業團隊共同努力，實現教育的共融與共榮，促進幼兒整體發展與社會情感的培養。

本章討論問題

1. 請問六大核心素養為何？
2. 幼兒視覺藝術中的創作起點與教學歷程檔案的重要性：啟發創造力與表達能力的關鍵探討。
3. 試以參與式繪本創作為例進行「探索與覺察、表現與創作、回應與賞析：幼兒美感領域的多元發展模式的深入探討」。

第十三章

信手拈來的藝術課設計與實踐

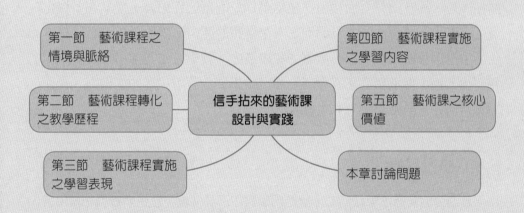

第一節　藝術課程之情境與脈絡

第二節　藝術課程轉化之教學歷程

第三節　藝術課程實施之學習表現

信手拈來的藝術課設計與實踐

第四節　藝術課程實施之學習內容

第五節　藝術課之核心價值

本章討論問題

　　「創造性思維」（creative thinking）在教學上的具體展現就是藝術課程中「信手拈來」的教學之美。

　　創造性思維其目的在培養幼兒在多變且非結構化的環境中產生新穎且有價值的想法與認知的過程。透過培養創造性思維，幼兒可以在不同情境中靈活運用創意來解決問題，並表現出獨特的創新能力。這種思維模式重視個人表達和原創性，有助於促進幼兒全方位的發展，並為他們在多樣化的未來挑戰中做好準備。

　　「信手拈來的藝術課」目的在從日常生活中發掘藝術素材，鼓勵幼兒以隨意和自由的方式進行創作，培養觀察力和創造力。重在培養創造性思維和核心素養，透過日常生活素材進行即興創作，強調觀察力、創造力及個性表達，提升幼兒全面發展。並培養幼兒的創造性思維，使其在多樣化環境中產生新穎想法，並具備面對未來挑戰的能力。課程設計強調從日常生活中挖掘藝術素材，提升觀察力和創造力。教學方法包括引導即興創作和個性表達，促進核心素養發展。學習效果評估著重兒童的想像力、專注力和自信心，並強調創意和多樣性。

本章學習目標

1. 培養幼兒的創造性思維能力，讓他們學會在不同情境下產生新穎且有價值的想法，並學會將這些想法轉化為創作。
2. 提升幼兒的觀察力和創造力，透過從日常生活中尋找靈感，以及利用各種資源進行創作，培養他們的觀察和想像能力。
3. 強化幼兒的個性表達和自信心，鼓勵他們以自由和即興的方式進行創作，並在實踐中體驗到創作的樂趣和成就感，從而提升其自信心和表達能力。

圖 13-1　學習目標

第一節　藝術課程之情境與脈絡

　　藝術課程的脈絡涵蓋了文化、社會、經濟和政治等多方面因素，反映特定時代和社會價值觀，同時影響課程的設計和實施方式。

　　「課程脈絡」為「信手拈來的藝術課」的起點，目的在深入介紹該課程的背景、目的和理念，以鋪陳後續的教學內容和活動。課程的意義與結構涵蓋教學和學習的基本概念與架構，包括科目、經驗、目標和計畫等四要素，目的在引導幼兒在穩固健全的課程架構中學習。課程發展包括研究、發展、推廣和採用四階段，並強調課程的實施、評鑑、改革和實驗，對於教學者在教學上具有重要影響，要求其精確理解課程的理念與目標，並有效滿足學習者的需求和發展。課程發展包括四個連續性的階段，此四個階段，並可經由評鑑進行不斷的回饋與修正（黃政傑，1987，1991）。由此得知，課程後的評鑑乃教學成效檢核之重要關鍵。

一、藝術課程脈絡之意涵

　　課程一詞源自拉丁文 Currere，意指跑馬道或馬車跑道，含有行進所遵循的路線之謂，引申到教育領域，是師生在教育過程中教與學的進程。課程四大定義：科目、經驗、目標、計畫，以課程為科目，是指一個或幾個科目，或某一級、類學校的所有科目；以課程為經驗，等同於學生的學習經驗；以課程為目標，課程被視為達成教育目標的手段；以課程為計畫，課程係為教學而設計的行動系統，教學則是此一系統的執行（黃光雄 2000）。教學和學習的就如同學習的路線，學生將要學習的一系列科目和相關的學習經驗。達到學習目標，以結構化的學習與引導，以促進學生的學習和成長。泰勒（Tyler, 1949）提出的課程四大要素是目標、內容、方法和評鑑。課程脈絡應闡述設計理念與目標，培養幼兒創造性思維、觀察力和創造力，融入核心素養。介紹背景與目的，使學習者了解課程內容及價值，連結理論與實踐，強調從日常生活中挖掘藝術素材，鼓勵自由創作，並結合泰勒的目標、內容、方法和評鑑四大要素（圖 13-2）。

圖 13-2　泰勒（Tyler）提出的課程四大要素

(一) 文化脈絡

　　藝術本身即是文化的表現形式。不同文化對藝術的理解和價值取向會影響課程設計。例如東方藝術和西方藝術在表現形式、內容和審美觀念上有所不同，這需要在課程中進行適當的融合和對比。

(二) 社會脈絡

　　社會需求和變化會影響藝術課程的目標和內容。當代社會強調多元文化、社會正義和全球視野，因此，現代藝術課程也應該反映這些主題，並培養學生的社會意識和責任感。

(三) **經濟脈絡**

經濟發展對藝術教育有重要影響。資源的可用性、技術的進步和職業市場的需求都會影響藝術課程的設計。例如數位藝術的興起和文化創意產業的發展，都需要在課程中有所反映。

(四) **政治脈絡**

政策和法律對藝術教育的推動和規範也不可忽視。例如教育政策對課程內容、教育資源分配和教學方法都有直接影響。

二、藝術課程脈絡之目標

藝術課程脈絡目標修正：以幼兒爲中心，融入身心感知與各種藝術媒介，培養他們的美感感知能力。

(一) **創造力的培養**

鼓勵幼兒透過藝術表達個人想法和情感，發展創新思維能力，並能夠解決複雜問題。

(二) **技術技能的掌握**

讓幼兒掌握各種藝術媒介和技術，從繪畫、雕塑到數位媒體，培養其技術熟練度和表達能力。

(三) **文化理解的深化**

透過學習不同文化的藝術，增進幼兒對多元文化的理解和尊重，培養其全球視野。

(四) **批判性思維的發展**

促使幼兒反思藝術作品和文化現象，發展批判性和分析性思維能力。

(五) **個人成長和社會參與**

鼓勵幼兒透過藝術探索自我，並積極參與社會和文化活動，成爲有責任感的公民。

課程脈絡的撰寫對於「信手拈來的藝術課」至關重要，需明確設計理念和目標，以指導後續教學活動。深入理解課程脈絡有助教學者把握核心

內容，有效達成學習目標。

三、課程涵養與趨勢

　　現代藝術課程設計反映最新的教育理論和實踐，靈活應對快速變化的社會和技術環境。跨學科融合如 STEAM 教育，將藝術與科學、技術結合，促進幼兒創造性思維。數位藝術的興起推動虛擬現實、擴增實境和人工智能等技術在藝術教育中的應用，擴展創作和體驗的範疇（圖 13-3）。

Guiding Appreciation and Evaluation

- 引導欣賞，拓展視野；鼓勵表達感受，促進思辨與評價能力。

Sensory Experience of Beauty

- 引導幼兒探索自然、社會和文化中的美，提供多元美感體驗。

引導欣賞和評價　美感體驗

跨領域融合與整合　表現和創作能力

Interdisciplinary Fusion and Integration

- 跨學科活動培養幼兒綜合素養和跨領域思維。

Nurturing Expressive and Creative Abilities

- 提供多樣藝術材料，鼓勵幼兒創作，培養創意和表現能力。

圖 13-3　課程涵養與趨勢

(一) 擴展幼兒美感體驗之趨勢

　　幼兒透過自然、社會和文化環境中的探索，觀察景觀、欣賞藝術品，並感受社區之美，同時提供多元化美感體驗，包括音樂、舞蹈和視覺藝術，豐富其感知和體驗。

(二) 培養表現和創作能力之趨勢

　　提供塑膠泥、顏料、音樂樂器等多樣藝術媒介和素材，鼓勵幼兒透過繪畫、手工製作和音樂演奏等創作活動表達個人想法和情感，培養創意思維和表現能力。

(三) 引導欣賞和評價之趨勢

幼兒在引導下,欣賞多種形式和風格的藝術作品,包括繪畫、雕塑和音樂等,擴展其藝術視野;同時,鼓勵他們表達對藝術作品的感受和看法,促進思辨和評價能力,例如分享個人喜好、感動和理解。

(四) 跨領域融合與整合之趨勢

透過跨學科的活動和領域整合,例如科學與藝術的結合、數學與美勞的融合等,培養幼兒的綜合素養和跨領域思維能力。

透過美感探索和多元體驗,拓展幼兒的美感感知;提供藝術媒介和創作機會,培養表現力和創造力;引導幼兒欣賞藝術作品並表達看法;跨領域活動豐富藝術體驗和思維。

第二節 藝術課程轉化之教學歷程

課程脈絡的核心價值在於培養幼兒的創造性思維,透過藝術創作的探索和實踐,鼓勵他們以創新方式表達想法和感受,促進全面發展,提升應對挑戰的能力。課程設計強調以幼兒為中心,融合生活經驗,培養健康個體,並以維護身心健康與安全為首要目標。

一、課程是一種動態的歷程

從教保活動課程大綱之美感領域,「探索與覺察」、「表現與創作」、「回應與賞析」三項領域能力與「情意」、「藝術媒介」兩項學習面向,美感領域的課程目標:透過多元的藝術創作,運用各種形式的藝術媒介,讓幼兒體驗生活、美感經驗,發揮想像力,並以五官感受生活之美,同時回應創作與欣賞中的感受和看法。「課程」是一場充滿動態的旅程,從規劃設計、體驗與感受,到回應與省思,都是一連串不斷發展的過程(圖 13-4)。

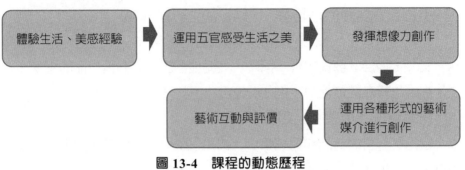

圖 13-4　課程的動態歷程

二、藝術課程之三大面向

　　課程脈絡從培養幼兒創造性思維的核心價值出發，透過藝術創作鼓勵學習者發揮想像力，創新表達自己的想法和感受，促進全面發展。教學方法注重探究式學習和跨領域整合，評估機制強調多元評估和即時回饋，確保教學品質和幼兒長期進步。延伸至教學歷程的關係，可以分為以下三大面向：

(一) 課程設計與目標設定

　　課程設計以培養創造性思維為核心，透過多元學習活動和個性化發展目標促進幼兒全面發展。採用以幼兒為中心的教學策略和多元評估機制，確保他們充分發揮自身潛能。

(二) 教學方法與實施策略

　　課程設計採用探究式學習，引導幼兒透過觀察、提問、實驗和反思探索解決問題；跨領域整合藝術與其他學科，激發綜合思維能力；鼓勵互動與合作學習，啟發創意，培養多角度思考和表達能力。

(三) 評估與回饋機制

　　課程採用多元評估，包括觀察記錄、作品展示和過程性評估，全面了解幼兒的學習進展和創造性表現；透過即時回饋調整教學策略，發展性評估持續提升幼兒能力。

　　課程脈絡中，核心是培養幼兒創造性思維，透過藝術創作激發想像力和表達，促進全面發展。教學設計以創造性思維爲中心，多元活動和評估確保品質和進步。

三、幼兒視覺藝術課程脈絡的核心價值與教學歷程的關係

　　幼兒視覺藝術課程強調整體發展，包括培養創造力和表現力、促進感官探索和認知發展，以及支持自我表達和情感發展等等。這些核心價值與教學策略結合，推動藝術技能發展，支持幼兒多方面全面成長（表13-1）。

表 13-1　藝術課程脈絡與教學歷程

核心價值	教學歷程
創造力與表現力	設計開放式活動，鼓勵幼兒自由探索和創作。提供多樣的材料和工具，讓幼兒自行選擇，激發創新思維。
感官探索與認知發展	使用各種感官材料來刺激幼兒的感官知覺。引導幼兒觀察自然界，並將觀察轉化爲藝術創作，提升觀察力和分析能力。
自我表達與情感發展	設計圍繞情感的藝術活動，幫助幼兒表達內心情感。進行藝術對話，讓幼兒分享作品和創作過程中的感受，促進情感表達。
社會互動與合作能力	組織群體創作活動，鼓勵幼兒在合作中學習社會技能。設計角色扮演的藝術活動，增強幼兒的社會理解和人際交往能力。
文化理解與多元性	介紹和探索不同文化的藝術形式，讓幼兒體驗多元文化的藝術創作。舉辦多元文化主題的藝術活動，增進對不同文化背景的理解和尊重。
自主性與自信心	鼓勵幼兒在藝術創作中自主選擇，並透過積極的回饋增強自信。

(一) 創造力與表現力

　　在幼兒視覺藝術課程中，核心價值在於鼓勵自由表達，激發創造力和想像力。設計開放式活動如自由繪畫和黏土雕塑，讓幼兒在無壓力環境中

探索創作，發揮創意。提供多樣化材料如水彩和蠟筆，讓幼兒自由選擇和組合，促進學習和創新。這以幼兒爲中心的方法，豐富了藝術表達能力，發展認知和情感技能。

幼兒視覺藝術課程強調整體發展，透過鼓勵創造力和自由表達，提升感官知覺和認知能力，培養自我認識和情感管理，促進合作與社會技能，增進多元文化理解和尊重。

㈡ 感官探索與認知發展

幼兒視覺藝術教育強調提升感官知覺和認知能力，透過多樣感官材料如色彩、質地和形狀的變化，有效刺激幼兒的感官，豐富他們的藝術表達與認知發展。

㈢ 自我表達與情感發展

幼兒視覺藝術課程強調自我表達與情感發展的重要性。藝術提供安全的環境，幼兒透過創作表達和探索情感，提升自我認識和情感管理能力。

㈣ 社會互動與合作能力

在幼兒視覺藝術教育中，培養社會互動與合作能力是核心價值之一。透過群體藝術活動如集體創作或群體雕塑，幼兒學習協同合作，強化溝通技巧和分享精神。角色扮演的藝術活動提供了增強社會理解和人際交往能力的機會，透過模擬社會情境和扮演不同角色，培養解決衝突和建立關係的能力。

㈤ 文化理解與多元性

在幼兒視覺藝術教育中，促進文化理解與多元性是關鍵的核心價值。透過藝術活動，幼兒深入探索不同文化的藝術形式和技藝，增進對多元文化的理解與尊重。

㈥ 自主性與自信心

在幼兒視覺藝術教育中，重視自主性與自信心的培養。透過多元化的藝術活動課程安排，鼓勵幼兒根據興趣和能力自主挑選，並積極支持其創作過程中的成長與自信心的建立。

第三節 藝術課程實施之學習表現

在此章節中，學習表現的理論性定義為學習過程中幼兒所展現的各種能力和表現，包括認知、情感、社交等方面的表現，而操作性定義則是指教學者在課程規劃、進行和結束後進行的實際評量方法和步驟。

教學者應根據幼兒園的課程取向，進行課程規劃、實施和評估，包括檢視課程目標和學習指標的設定，並根據幼兒的學習表現調整教學策略。幼兒學習評量的結果應單獨對每位幼兒進行分析，以了解其個別學習進展，並促進其自我進步和發展。

一、學習表現對應六大核心素養

幼兒學習評量不應單純依賴紙筆測驗，而應該由園方、教學者、幼兒和家長共同合作，平時蒐集幼兒學習表現資料並定期彙整和分析，針對幼兒的學習情況進行總結性評量。進而將其素養展現如表 13-2。

表 13-2　學習表現對應六大核心素養

學習表現	六大核心素養
認知能力	覺知辨識、推理賞析
情感發展	關懷合作
社交技能	表達溝通
身體運動發展	自主管理
藝術表現	想像創造
自我認識和自我管理	自主管理

當我們將這些學習表現應用到幼兒園的實務經驗中時，可以採取各種活動和方法來促進幼兒的全面發展。係針對每個學習表現的實務經驗：

(一) 認知能力

在幼兒園中，我們可以透過遊戲、故事、探索性活動和實驗等方式來

促進幼兒的認知能力。例如給幼兒提供各種形式的遊戲和教具，讓他們透過玩樂的方式學習數字、形狀、顏色和大小等基本概念。

(二) 情感發展

教學者透過建立溫暖、支持和安全的環境，促進幼兒的情感發展和友好互動。

(三) 社交技能

在幼兒園中，幼兒有機會與同儕和成人進行各種互動和合作活動，從而培養社交技能。

(四) 身體運動發展

在幼兒園中，可以透過遊戲、體育活動和戶外遊戲等方式來促進幼兒的身體運動發展。

(五) 藝術表現

在幼兒園中，我們可以透過藝術和創作活動來促進幼兒的藝術表現。

(六) 自我認識和自我管理

透過鼓勵幼兒參與自我認識和自我管理的活動來促進其發展。

幼兒的學習表現中，認知能力、情感發展和社交技能是關鍵因素。教學者透過益智玩具、數學遊戲和情境解決等活動，激發幼兒的探索欲望和邏輯思維能力。情感故事、角色扮演和情境模擬則有助於幫助幼兒理解和表達情感，並建立自信和自尊。小組遊戲、合作活動和集體表演促進幼兒的社交技能和團隊精神，全面支持其在認知、情感和社交各方面的發展。

幼兒園的學習環境透過提供具挑戰性的遊戲和活動，促進幼兒的認知發展，包括好奇心、探索動力、邏輯思維和解決問題能力。

綜上所述，設計幼兒的學習內容應注重認知能力、情感發展和社交技能的綜合培養。透過多樣的教學活動和挑戰性的學習材料，建立溫暖安全的學習環境，並強化教學者的專業知識和引導技巧，以促進幼兒在這些關鍵領域中的全面成長。

二、幼兒成長與評量方法

幼兒藝術課程評估策略包括觀察創作過程和成品、記錄反應，全面評估幼兒在創意表達、感知技能、文化理解等方面的發展。成效回饋支持個別化學習指導和教學策略調整，促進家長和同儕參與，建立全面學習社群回饋。

幼兒藝術教育中的評估基於觀察、記錄和多元方法，評估其在藝術表達、感知技能和文化理解等方面的成長。這包括作品創作觀察、課堂參與記錄，以及口頭、視覺和同儕評估，支持個別化學習指導和長期進展追蹤，促進幼兒全面發展和教學實踐調整。

(一) **發展性評量**

利用連續觀察和記錄的方式，評估幼兒在藝術表達、感知技能和文化理解等領域的成長進展。這包括觀察其創作的藝術作品、參與課堂活動的表現及其對藝術材料和技術的理解和應用。

(二) **多元化評量方法**

採用多種評估方法，例如口頭評估、視覺記錄、作品集評比、自我評估和同儕評估等，以全面了解幼兒的學習成效，從而提供個別化的學習支援和建議。

(三) **跨時性評量**

透過長期跟蹤和評估，追蹤幼兒在藝術創作過程中的進步和變化，以及其在感知、技術應用和批判性思維等方面的成長趨勢。

幼兒藝術教育中的評估方法不僅幫助教師理解和記錄學習歷程，還能指導教學實踐，以促進全面的藝術教育成效。

第四節 藝術課程實施之學習內容

教保課程大綱裡，將學習內容劃分為身體動作與健康、認知、語文、社會、情緒和美感六個主要領域。實施時需考慮幼兒生活經驗，統整

學習內容。各領域相互交錯、相關統整，能力相互串結，支持全面發展以應對社會挑戰。包括幼教教師角度，考量實施方式、內容統整、評估和調整及教學評量工具和方法（圖 13-5）。

圖 13-5　學習內容之發展面向

一、從現場幼教教師的角度

課程大綱根據幼兒需求和社會文化期望設計，分為身體動作與健康、認知、語文、社會、情緒和美感六大領域，引導幼兒學習。

二、實施時的考量

實施課程時需要深入了解每位幼兒的生活經驗和個別需求。我們需要考慮到他們的家庭背景、文化背景以及個人興趣，以確保課程的有效性和適切性。

每個幼兒可能有不同程度的學習風格，並可能在不同情境下展現出不同的偏好和能力。幼兒的學習風格可以透過觀察其在學習過程中的行為和反應來確定，並透過提供多元化的學習機會來支持其全面發展。學習風格最早起源於實驗心理學上對認知風格（cognitive learning styles）的研究（郭重吉，1987）。而「學習風格是描述一個學生在教學情境中最有可能的學習方式，它是指學生如何學，它代表影響個人如何去接受刺激、記憶、思考與解決問題的一群人格與心理特性。」（鈕文英，1994，頁

67）學習風格是指描述學生在學習時最常使用的方式，包括他們接受訊息、記憶、思考和解決問題的方式。每個人都有獨特的學習風格，反映了他們的個性和心理特點。有些人偏好聽覺學習，而其他人則更偏向視覺方式。了解這些風格有助於教學者更有效地設計教學活動，以滿足幼兒的不同需求，提升他們的學習成效（表 13-3）。

表 13-3　幼兒的學習風格

類型	內容
視覺型學習者	喜歡透過觀察圖像、圖表、圖畫等視覺元素來學習，他們對圖像和視覺材料有較強的理解和記憶能力。
聽覺型學習者	喜歡透過聽覺方式學習，例如聽故事、講解、音樂等，他們對聽覺訊息的吸收和理解能力較強。
動手型學習者	喜歡透過實際操作和實踐來學習，他們喜歡參與手工製作、實驗和模擬情境等活動。
口頭型學習者	喜歡透過口頭表達來學習，他們喜歡參與討論、解釋、教授他人等活動。
反思型學習者	喜歡透過反思和思考來學習，他們喜歡思考問題的解決方法、經歷的收穫以及未來的計畫。
合作型學習者	喜歡透過與他人合作和互動來學習，他們喜歡與同伴一起討論、分享想法和共同解決問題。

三、學習內容的統整方式

　　統整六大主要領域，透過跨領域學習活動促進幼兒全面發展，培養其解決問題的能力，以應對未來社會的多變挑戰。

四、評估和調整

　　從現場幼教教師的視角，評估和調整是課程實施中不可或缺的步驟。透過定期觀察、記錄和評估幼兒的學習表現，我們能夠及時調整教學策略，確保他們達到預期的學習成效和發展目標。

五、教學評量的工具和方法

在進行教學評量時，選擇適合的工具和方法如觀察記錄、作品展示、口頭表達、小組討論及學習活動表現等，能夠全面評估幼兒的學習表現。

(一) 教學者應該根據幼兒園的課程方針，在課程設計、實施和評估的各個階段進行教學評量。

(二) 在課程設計階段，除了確定目標和指標，還應該考慮幼兒的學習評估，以便在調整教學活動時有所依據。

(三) 在課程進行中或結束後，教學者應該透過觀察幼兒的學習狀況，反思教學方法，並調整後續的活動，以確保教學效果。

(四) 除了定期的教學評量外，教學者還應根據計畫持續蒐集幼兒的學習表現數據，以了解他們是否達到預期的學習目標。

(五) 幼兒的學習進步應視個人情況而定，不應與其他幼兒進行比較，而僅作為自身進步的參考。

(六) 學習評量應該由園方、教學者、幼兒和家長共同參與，並且需要定期彙整和分析幼兒的學習表現。

(七) 總結性評估應就幼兒在六大核心素養方面的學習情況進行，以全面了解幼兒的發展狀況。

教學者應定期進行教學評量，調整教學策略以提升幼兒的學習效果。在課程設計和實施中，重視幼兒學習評量的內容和方法，以確保教學目標的有效達成，並促進幼兒全面均質發展。

第五節 藝術課之核心價值

本章節目的在培養幼兒的創造性思維，鼓勵他們在多樣且非結構化的環境中展現獨特的想法和表達方式。教學過程注重即興創作和個性表達，評估作品時強調創意和多樣性，以提升幼兒的核心素養和全面發展（圖13-6）。

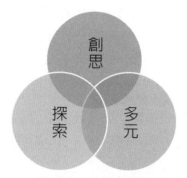

圖 13-6 信手拈來的藝術課之核心價值圖

一、培養創造性思維能力

幼教教師可以透過觀察和評估幼兒的創造性表現來評估其發展程度，強調解決問題、創作和表達的獨特性和原創性。教師應提供具體的回饋和支持，鼓勵幼兒挑戰自己的想法和技能，培養其創造性思維能力和自我效能感。

二、強調多元化表達

在幼兒教育中，多元化表達是促進其即興創作和個性表達能力的關鍵策略。教師透過視覺藝術、言語表達、身體動作和音樂等方式引導幼兒表達想法、情感和經驗，並注重評估作品的創意性和多元性，以提升其創造性思維和藝術核心素養。

三、從日常生活中尋找靈感

課程設計強調從日常生活中挖掘藝術素材，鼓勵幼兒利用日常物品進行創作，培養其觀察力和創造力。

這種教學方法不僅豐富幼兒的藝術體驗和表達能力，還強調利用日常生活中的各種場景和物品作為創作的源泉，促進幼兒的觀察力、批判性思維和問題解決能力的發展。

　　綜上所述，從日常生活中尋找靈感的教學方法不僅使幼兒的學習充滿樂趣和意義，還有助於他們全面發展。這種藝術教育的設計不僅關注技術性的教學，更重視幼兒的創造性思維和自主性，從而促進其在藝術領域中的長期興趣和才能。

　　課程設計的一大特點是鼓勵幼兒從日常生活中獲取靈感，並利用日常物品進行藝術創作。這種方法不僅培養了幼兒的觀察力和創造力，還激發了他們對周遭環境的深刻理解和表達能力。

本章討論問題

1. 探索幼兒如何透過不同形式展現創思力，以及根據其個性發展和學習風格運用系統性理論和實踐策略，引導其積極運用創造性思維，促進全面發展。

2. 教學者如何巧妙因應不同學習風格的幼兒，運用多元策略方法提升其認知理解能力？

3. 如何運用系統性的理論框架和實踐策略，根據幼兒的學習風格引導其積極運用創造性思維，從而促進其在各學習領域中的全面發展？

4. 如何透過理解多元的學習風格，例如視覺、聽覺、動手、口頭、反思和合作，來提升幼兒視覺藝術課程的成效，促成他們對美的感動？

第十四章

幼兒藝術與環境教育設計與實踐

第一節　環境是孩子的「第三個老師」

第二節　環境教育的本質與幼兒的關係

第三節　環境教育的核心價值與幼兒藝術的發展

幼兒藝術與環境教育設計與實踐

第四節　幼兒藝術在環境教育中的表現

第五節　幼兒藝術在環境教育的教學模式

本章討論問題

　　幼兒時期的美感經驗主要立基於探索與覺察的能力，幼兒對於生活周遭環境中各類事物充滿了好奇，喜歡探索及覺察箇中的微妙感受。而面對自己或他人的各種藝術的創作展現，幼兒也會興起個人的感受與看法，在鼓勵表達的氛圍下，這些累積的美感經驗，將逐漸形成個人的美感偏好（教育部，2017）。

　　幼兒對美的感受源於生活中的感官經驗，教師的陪伴與引導是關鍵。環境教育與幼兒藝術教育的融合，不僅提供了豐富的學習體驗，還促進了幼兒對自然環境的理解與熱愛，並激發其創造力和審美能力。本章旨在探討如何透過藝術教育促進幼兒對環境的敏感度和責任感，並深入理解環境作為幼兒的「第三個老師」在美感與環境的融合中所扮演的角色。

　　幼兒藝術教育與環境教育之間的密切結合，豐富了幼兒的學習體驗，促進其在均衡且全面的環境中全面發展。

一、核心價值

(一) 尊重與關愛自然

　　幼兒透過參與環境教育和藝術創作，逐漸學會尊重和關愛自然，促進其對自然環境的觀察、欣賞和保護行動。

(二) 創造力與表達能力

　　藝術與環境教育的結合，讓幼兒能夠透過自然材料和環境主題進行創作，激發多樣化的表達方式和全方位的創造性思維。

(三) 多樣性與包容性

　　環境教育和藝術教育透過接觸和探索多樣性的自然景觀、文化背景和藝術形式，培養幼兒的尊重和包容心，豐富他們的學習體驗並促進審美觀的發展。

圖 14-1　本單元核心價值

二、發展目標

　　本單元探討如何結合環境教育與藝術教育，促進幼兒綜合發展，從培養環境責任感到激發創造力和審美能力，再到培養批判性思維和問題解決能力的全方位成長。

本章學習目標

1. 教學者能夠深入探討藝術教育與環境教育之間的理論基礎與實踐連結，並分析如何透過藝術活動增進幼兒對自然環境的感知與責任感。

2. 教學者能夠根據幼兒發展的多元需求，設計跨藝術與環境領域的課程單元，並有效整合視覺藝術、音樂、肢體表達等元素，促進幼兒的創造力與審美能力發展。

3. 教學者能夠系統性地評估並運用環境作為「第三個老師」，從教育實踐中發掘環境在促進幼兒整體發展過程中的關鍵作用，並在課程中創造支援其身心靈發展的學習情境。

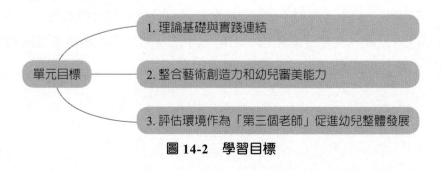

圖 14-2　學習目標

第一節 環境是孩子的「第三個老師」

在幼兒教育的理念中，「環境」被稱爲「第三個老師」，此一概念源於義大利瑞吉歐‧艾米利亞（Reggio Emilia）教育體系中的核心思想。由洛利斯‧馬拉古奇（Loris Malaguzzi）提出的這一理念，強調除了教師和家庭，環境在幼兒的學習和發展中扮演著關鍵的角色。

一、理論基礎

奧古斯特‧羅丹（Auguste Rodin），這位著名的法國雕塑家，曾經說過一句耐人尋味的話：「這個世界不是缺少美，而是缺少發現美的眼睛。」這句話深刻地表達了美與感知之間存在著某種微妙關係。

美的存在是客觀的，它無處不在，從自然界的壯麗景觀到日常生活中的細微瞬間，都充滿了美的潛能與無窮盡的「量能」。這樣的觀點呼應了現象學中的核心思想，即我們的感知和經驗塑造了我們對世界的理解和解釋。席勒（Scheler）曾提及，人類的感知和情感能力是如何讓我們在日常生活中發現意義和價值的。

在藝術教育和環境教育中，羅丹的話強調了觀察力和審美能力對於幼兒的重要性。教師的使命不僅是傳授知識，還需引導幼兒發現和欣賞世界的美，教他們如何細緻地觀察自然、體驗生活，並用創造性的方式表達美感。在此，「觀看」的眞正意義在於用心感知和理解，這種心靈的深度觀察豐富了幼兒的感官體驗，同時激發了他們的情感和創造力，進而培養出對生活和世界的感恩與責任感。

在瑞吉歐‧艾米利亞教育體系中，環境被視爲一個活躍的學習參與者。理論型定義上，環境不僅僅是指物理空間的配置和材料的選擇，它還包括社會氛圍、文化背景和自然環境等多層次的因素。這種多維度的環境，鼓勵幼兒透過觀察、探索和互動來學習。

（一）**教室的布置**

教室的布置需考慮空間和資源運用。

（二）**環境設計的實踐策略**

環境設計的實踐策略包括創意角落和資源管理。

（三）**環境的教育潛力**

環境作爲「第三個老師」，具有潛移默化的教育力量。

（四）**檢核與評估的重要性**

理解和運用環境的教育潛力，是創造高品質幼兒教育體驗的關鍵。

二、環境設計中的實踐應用與實踐策略

（一）**環境設計的實踐應用**

體現在教室的布置、學習角落的設計，以及戶外活動的安排等具體細節中。教室中的每一個細節——從家具的擺放到牆上的展示，都在傳遞著訊息，鼓勵幼兒進行主動的學習和發現。

（二）**環境設計的實踐策略**

1. **物理空間的配置**：在幼兒園教室中，動態和適應性的物理空間配置是關鍵，它能夠透過開放式學習區域和多功能探索中心，支持幼兒根據個人興趣和節奏進行自主學習。

2. **學習材料的選擇與擺放**：在環境教育中，教師在選擇和擺放學習材料時，應注重多樣性和挑戰性。

3. **戶外空間的利用**：戶外空間是一個寶貴的學習資源，應被充分利用來支持幼兒的探索和發展。

4. **社會氛圍與互動**：在環境教育中，教師應重視社會層面的設計，包括創建支持合作學習和社會互動的氛圍。

三、環境設計中的社會互動與情感發展

在幼兒教育中，環境對幼兒的社會互動和情感發展至關重要。布朗芬布倫納（Bronfenbrenner）的生態系統理論指出，微系統中的人際互動對

幼兒的情感智慧有深遠影響，良好的社會互動環境不僅提供情感安全感，還能促進幼兒的社交技能和情感表達能力。

四、環境中的多元文化教育與全球視野

在幼兒教育中，跨文化教育的目的在於透過融入多元文化元素來擴展幼兒的全球視野和跨文化理解力。文化情感在環境設計中扮演關鍵角色，透過文化故事、藝術品和節慶活動豐富幼兒的體驗，促進對多元文化的認知和尊重。

綜上所述，在教育領域中，環境被視爲重要的學習參與者，包括物理空間、社會氛圍、文化背景和自然環境等多層次因素。

第二節　環境教育的本質與幼兒的關係

環境教育是一種跨學科的教育方式，目的在幫助幼兒理解自然環境及其與人類社會的複雜關係。對幼兒來說，環境教育的核心是透過直接的體驗和互動來促進他們對自然界的認識和情感聯繫。

一、環境教育的本質

在理論上看，環境教育涵蓋了認知、情感和行爲三個方面：增強對環境問題的認識，培養與自然的情感聯繫，並促進可持續生活方式和環境保護參與。在幼兒階段，透過遊戲和探索來促進他們對自然世界的認知和情感聯繫。

二、幼兒的學習特徵與環境教育的適應性

幼兒的學習方式具有獨特的特徵，這些特徵與環境教育的本質高度契合。以下幾個方面突顯了這種契合性：

(一) 直觀的感知與探索

幼兒透過感官來探索世界，這種直觀的學習方式與環境教育的體驗性質相符。觀察植物的成長、聆聽鳥鳴、觸摸不同材質的物體，這些活動都能豐富幼兒的感官經驗，並促使他們在探索中學習和成長。

(二) 自然的好奇心與探究欲望

幼兒天生具有強烈的好奇心和探究欲望，這使他們成為熱衷於探索自然的「小科學家」。環境教育提供了一個豐富的背景，激發他們對自然界的無窮興趣。

(三) 遊戲中的學習與發現

遊戲是幼兒最自然的學習方式，促進認知、情感和社會能力的發展。在環境教育中，遊戲作為重要的教學工具，幫助幼兒在愉快的氛圍中探索自然，透過角色扮演、模擬和合作遊戲學習合作和解決問題。

(四) 與環境的情感聯繫

幼兒在自然中遊玩和探索時，會自然地形成對環境的情感聯繫。這種早期的情感經驗是培養環境意識和責任感的基礎。教師可以透過有意識地設計活動，促進幼兒對自然的愛護和尊重，例如鼓勵他們照顧植物或動物，參與清潔校園等。

(五) 環境教育在幼兒發展中的作用

環境教育在幼兒的發展過程中扮演著多層次且至關重要的角色。以下是其具體作用的分項敘述：

1. 促進自然親近感與認知發展：透過引導幼兒與自然互動，環境教育培養他們對自然的理解和親近感，激發探索精神和好奇心，提升感官知覺和認知能力。

2. 培養環保意識與責任感：環境教育強調可持續發展，幫助幼兒建立環保意識和責任感，透過種植等活動，讓他們直接體驗自然的價值，激發參與環保行動的積極性。

3. 促進社會情感發展：教育中的合作環保項目和自然探索活動，培養幼兒合作、分享和溝通能力，促進社交技能和情感智力的發展，例如尊重

他人、表達感受及解決衝突。

4. 綜合能力的培養：環境教育促進幼兒科學、藝術和社會學習綜合能力的發展，培養創造性解決問題的能力，提升創造力和批判性思維。

綜上所述，環境教育對幼兒的全面發展至關重要，不僅促進了他們對自然的理解和欣賞，還幫助建立早期的環保意識和責任感，同時在社交、情感和綜合能力的培養中扮演著積極的角色。

三、環境教育對幼兒的整體發展的影響

環境教育在幼兒教育中至關重要，支持幼兒在認知、情感、社會和身體各方面的全面發展，同時培養問題解決能力、創造力和批判性思維。透過探索和合作，幼兒增強社交技能和團隊合作精神，並理解人類與自然的依存關係，培養環境責任感，例如節約資源和回收利用。

(一) 促進全人發展

環境教育支持幼兒在認知、情感、社會和身體方面的全面發展，提供豐富的學習情境，促進問題解決能力、創造力和批判性思維的發展。

(二) 培養可持續的生活方式

早期環境教育有助於幼兒理解人類與自然的相互依存關係，並培養他們的環境責任感。透過實踐可持續的行為，例如節約資源、分類回收等，幼兒學會在日常生活中做出對環境友好的選擇。

(三) 增強自我效能感

當幼兒在環境教育中成功挑戰、解決問題或創新時，他們的自信心和自我效能感會大幅提升，這對未來學習和生活中的積極態度和動力至關重要。

環境教育透過直接互動和遊戲探索，培養幼兒對自然的理解和環境責任感，促進其全面發展。

第三節 環境教育的核心價值與幼兒藝術的發展

環境教育培養對自然的敏感度、責任感和可持續生活方式，與幼兒藝術教育結合，不僅加深理解，還激發創造力和審美能力。

一、環境教育的核心價值

環境教育的核心價值包括以下三個方面：

(一) 幼兒的環境意識與責任感

環境教育目的在提升個體對環境議題的意識，鼓勵他們採取行動保護和改善環境，強調人類與自然的互動及個人行為對環境的影響。

(二) 可持續性與生態智慧

可持續性是環境教育的核心理念之一，強調在使用資源和進行活動時考慮長遠的環境影響。對幼兒來說，這意味著教導他們尊重自然、減少浪費，並在創作和遊戲中有效利用資源。

(三) 幼兒對自然的欣賞與連結

環境教育包括培養對自然美的欣賞和深層次連結，鼓勵幼兒在日常生活中透過接觸自然材料、參與戶外活動和藝術創作，形成對自然的熱愛和尊重。

二、環境教育如何促進幼兒藝術的發展

自然環境豐富的創造靈感和感官刺激，促進幼兒的藝術表現和情感表達能力，同時培養審美判斷力和問題解決能力，這些成果在藝術創作中得以展現。

(一) 激發創造力

自然環境充滿了多樣性和變化，為幼兒提供了無限的靈感來源。觀察自然界的形狀、顏色和紋理，可以啟發幼兒的創造力和藝術表達。

(二) **豐富感官經驗**

自然環境提供了觸摸、聆聽和觀察的豐富感官經驗，促進幼兒感官能力的全面發展，並豐富了他們的藝術創作素材。

(三) **加強情感表達**

自然環境激發幼兒強烈的情感反應，豐富了他們透過藝術形式表達驚奇和喜悅的機會，同時促進了他們與自然的深刻聯繫。

(四) **培養審美能力**

自然界的和諧形式和結構培養幼兒的審美感和創作能力，促進他們在藝術創作中運用對稱、節奏和色彩搭配等美學元素。

(五) **促進問題解決能力**

幼兒透過藝術創作和環境探索中的問題解決過程，培養創造性思維，學習在面對挑戰時找到獨特的解決方案。

以幼兒為中心，自然環境在教育中扮演多重角色：它不僅提供了豐富的創意靈感和材料基礎，還促進了感官發展和情感表達，並培養了幼兒的審美判斷力和美學感知，這些都是幼兒藝術創作的關鍵要點。

三、實踐中的結合

結合自然環境與藝術教育，利用自然材料進行創作和戶外寫生活動，促進幼兒創造力、環境意識和觀察力的全面發展，同時深化對環境保護的認識和責任感。

在實踐中，教學者可以透過教學設計整合環境教育和藝術創作的引導活動來實現這些價值。例如：

(一) **自然材料的藝術創作**

鼓勵幼兒蒐集自然材料如葉子、樹枝、花瓣等，並用它們來進行拼貼、雕塑或其他形式的藝術創作。這不僅增強了他們對自然的感知，還讓他們學會如何將自然元素融入藝術中。

(二) 戶外寫生與觀察

安排戶外寫生活動，讓幼兒在自然環境中觀察和描繪周圍的景物。這些活動不僅提高了他們的觀察力，也增強了他們對自然的欣賞和理解。

(三) 環境主題的藝術課程

設計以環境為主題的藝術課程，例如創建環保海報、製作可再生材料的藝術品，或表演有關自然保護的劇目。這些活動不僅激發了幼兒的創造力，還增強了他們的環境意識和責任感。

(四) 美在生活，生活滿美

在幼兒教育中，結合自然環境與藝術教育展現了豐富的教育價值。透過自然材料的藝術創作，幼兒不僅增強了對自然界的感知和創造力，還培養了對生態系統的理解和尊重。

環境教育的核心價值在於培養幼兒對自然環境的敏感度、責任感和可持續的生活方式，與幼兒藝術教育的結合豐富了他們的學習經驗，促進了創造力、感官經驗、情感表達和審美能力的發展。

第四節 幼兒藝術在環境教育中的表現

幼兒藝術和環境教育是緊密相連的領域。在環境教育的背景下，幼兒藝術不僅是表達方式，更是探索自然、理解環境的工具。

一、幼兒藝術在環境教育中的角色

(一) 觀察和感知的工具

幼兒藝術活動如繪畫、雕塑和拼貼，讓他們透過觀察和記錄自然的方式，用畫筆描繪樹葉的形狀，用黏土模仿石頭的質感，或者用顏料表現天空的變化，這些過程增強了他們的觀察力，並幫助他們深入理解自然現象和環境的美妙。

㈡ 表達和交流的媒介

　　藝術是幼兒強有力的表達方式，特別對於語言能力尚未完全發展的他們而言。透過藝術創作，幼兒可以自由表達他們對自然的感受、想法和觀點，這不僅有助於他們內心世界的表達，也讓教師和家長更好地理解他們如何看待和感知環境。

二、探索和創新的平台

　　在環境教育中，藝術為幼兒提供了探索和創新的平台，他們透過創作探索自然材料的可能性，實驗不同的組合和表現方式，例如用樹葉創作拼貼畫或用沙子和水製作雕塑，這些活動激發了他們的好奇心和創造力，並培養了他們解決問題的能力。

三、促進情感聯繫的橋梁

　　自然環境中的藝術活動幫助幼兒建立與自然的情感聯繫，他們在戶外創作藝術時不僅模仿和記錄自然，更與自然建立深層次的情感聯繫，這有助於他們在成長過程中形成對自然的熱愛和尊重，並增強了對環境保護的意識。

四、持續鼓勵的動力

　　透過藝術活動，幼兒學習以創意的方式重新利用資源，例如利用廢舊材料創作藝術品，從而培養創造力並鼓勵日常生活中的可持續行為。

實例──活動設計

　　以下是實際案例，表述了幼兒藝術在環境教育中的具體應用：

1. 自然拼貼畫：教師可以帶領幼兒在公園或花園中蒐集自然材料，例如樹葉、花瓣、石子和樹枝。回到教室後，幼兒可以使用這些材料來創作拼貼畫。

2. 戶外寫生活動：讓幼兒在戶外自然環境中觀察樹木和動物，並用畫筆和

紙描繪所見，以促進他們細緻觀察自然並藉藝術表達感受的能力。

3. 環保主題的藝術創作：設計環保主題的藝術創作活動，例如使用廢紙和塑料瓶製作雕塑或繪製「我們的地球」壁畫，讓幼兒透過創作思考環保重要性，並培養環保意識。

4. 季節變化的藝術表現：透過藝術活動描繪季節變化，例如秋季描繪落葉的色彩與形狀，冬季創作棉花和紙的雪景，幫助幼兒理解季節變化，同時增強對自然的感知和欣賞。

5. 自然材料的雕塑創作：使用自然材料如泥土、沙子、石頭和貝殼，來進行雕塑創作。幼兒可以創造出動物、植物或抽象的形狀，這些活動不僅發展了他們的手工技能，還讓他們學會如何利用大自然中的材料進行創作。

五、理論支持與實踐啟示

多項研究支持將藝術活動融入環境教育中，指出這種結合能夠有效促進幼兒的全面發展。例如 Eisner（2003）強調，藝術教育不僅僅是技術技能的培養，更是培養個人感知和理解世界的能力。他指出，透過藝術創作，幼兒學會以新的方式來看待和思考世界，這對於他們理解自然和環境的複雜性相當重要。

Howard Gardner（1983）的多元智能理論也支持將藝術融入環境教育。他認為，每位幼兒都有不同的學習方式和優勢，藝術活動提供了一個多樣化的學習平台，能夠滿足不同智能類型幼兒的需求，特別是那些具有空間和自然智能的孩子。

在實踐中，將幼兒藝術與環境教育結合，如圖 14-3 所示：

圖 14-3　幼兒藝術與環境教育結合

最終目標——培養幼兒對環境的感知與共融、責任感和對自然美的欣賞能力。透過藝術創作和環境體驗，幼兒能夠深入感受自然之美，同時了解自己在環境中的角色和責任。這種結合不僅能夠激發幼兒的創造力和表達能力，還能夠引導他們積極參與環保行動，促進社會可持續發展。因此，最終目標是培養出具有環境意識和責任感的未來公民，他們能夠珍惜、保護和改善我們的地球家園。

(一) **創造支持性的環境**

提供一個豐富和激勵的學習環境，讓幼兒能夠自由地探索和創作。這包括充足的自然材料、開放的戶外空間，以及足夠的時間進行創作和探索。

(二) **鼓勵自主探索**

讓幼兒在藝術創作過程中有更多的自主權和選擇權。這樣，他們可以根據自己的興趣和觀察來進行創作，從而激發他們的創造力和內在動機。

(三) **提供多樣的活動形式**

設計多樣化的藝術活動，以滿足不同幼兒的興趣和需求。這些活動可以包括繪畫、雕塑、拼貼、戲劇表演等，以便他們可以從不同的角度來探索和理解自然。

(四) **引導反思和討論**

在藝術創作之後，鼓勵幼兒分享他們的作品和創作過程，並引導他們反思活動對他們理解自然和環境的影響。這有助於深化他們的學習和經驗，並促進他們的批判性思維。

六、多元展能，創新探索，來自生活

幼兒透過觀察、表達、探索和創新，將藝術能力與環境意識結合，深化對自然的理解與情感聯繫，而教師則透過具體活動有效整合藝術與環境教育。

第五節 幼兒藝術在環境教育的教學模式

　　幼兒藝術與環境教育的結合激發創造力和審美能力，培養對自然的理解和責任感。教師透過綜合性教學模式設計實現這種結合，促進教育目標的達成。

一、教學模式概述

　　教學模式是指有系統且結構化的教學活動，目的在達成特定的學習目標。在幼兒藝術與環境教育的整合中，教學模式需考慮幾個關鍵要素：首先，透過戶外探索活動與觀察，激發幼兒的想像力，並將其觀察轉化為藝術表達；其次，設計以環保為主題的藝術活動，引導幼兒理解資源的可持續性，並培養環保意識；進而融合科學、社會學習及語言發展等多學科內容，以提升幼兒的綜合能力和實踐應用能力。

（一）**自然材料與創意活動的整合**

　　使用自然界中的材料（如葉子、石頭、泥土等）進行創意藝術活動，這不僅能夠激發幼兒的想像力，還能讓他們在創作中親近自然。

（二）**探索與觀察活動**

　　組織戶外探索活動，鼓勵幼兒透過觀察自然來發現美，並將觀察轉化為藝術表達。

（三）**環保意識與行動**

　　設計以環保為主題的藝術活動，幫助幼兒理解資源的可持續性，並學會如何透過創作來實踐環保理念。

（四）**跨學科融合**

　　將科學、社會學習、語言發展等學科內容融入藝術和環境教育活動中，以達到多方面的學習效果。

　　在幼兒教育中，使用自然材料進行創意藝術活動，激發想像力，讓幼兒親近自然並將觀察轉化為藝術表達。

二、具體教學模式設計

自然材料藝術創作豐富且有意義，透過提供樹葉、花朵、小樹枝等材料，激發幼兒的想像力和創造力，培養對自然材料的認知和欣賞能力。教師引導幼兒觀察材料特徵，鼓勵在藝術作品中表現，同時討論資源可持續利用以提升環保意識。展覽和校園綠化建設進一步激發幼兒對環境美的感知和理解，培養審美與表達能力，並透過分享環保知識，促進環保意識的培養。ASSURE 教學模式針對教師的應用而設計，包括分析學習者特質、陳述學習目標，以及選擇、修正或設計教材。在教學過程中，教師需利用適當的教材，要求學習者的反應，最後進行評量以確保教學效果（張添洲，2000）。

在設計教學模式時，可以使用 ASSURE 模型來確保教學的有效性和適應性。以下是一個以幼兒藝術與環境教育為主題的教學模式，利用 ASSURE 模型進行設計：

(一) ASSURE 模型

如圖 14-4。

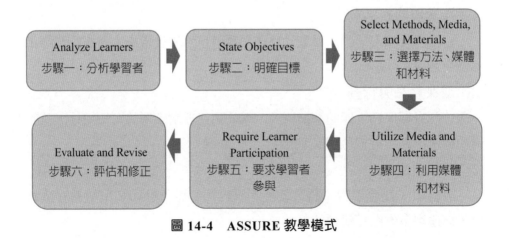

圖 14-4　ASSURE 教學模式

（二）**步驟**

1. A-Analyze Learners（分析學習者）：學習者特徵包括年齡爲學齡前的幼兒，來自不同文化背景，對自然和藝術有不同程度的認識和興趣，並展現多元化的學習風格，包括視覺、聽覺和動手操作等。

2. S-State Objectives（明確目標）：教學目標包括使幼兒能夠觀察並描述自然環境中的顏色變化，利用自然材料進行藝術創作，以及理解並在創作中反映環保的重要性。

3. S-Select Methods, Media, and Materials（教學多元化）：包括探索式學習引導戶外觀察，合作學習小組創作，使用水彩、色紙和自然材料激發想像力。教學媒體如圖片、影片展示自然色彩，豐富材料如樹葉、花朵、石頭、水彩、畫筆和剪刀，提供多元創作體驗。

4. U-Utilize Media and Materials（利用媒體和材料）：教學引導幼兒戶外探索和蒐集自然材料，在教室中進行小組合作藝術創作。

5. R-Require Learner Participation（要求學習者參與）：幼兒透過自然探索和材料蒐集主動參與活動，透過小組合作討論和創作，分享和啟發彼此的創意。

6. E-Evaluate and Revise（評估和修正）：教師透過觀察學生參與度、創作品質及環保理解，全面評估學習狀況，並根據回饋調整教學內容和方法，以提升教學效果。

　　透過有效的教學方法和設計精良的教學模式，我們強調提升教師教學效能，激發幼兒的學習動能和創造力。

三、教學模式應用

　　有效的教學模式應包括明確的學習目標，例如培養幼兒的創造力、加深對自然環境的理解，以及提升環保意識，並選擇適當的教學方法和媒體，例如探索式學習、合作學習和多媒體資源，以促進幼兒的全面發展。

教學模式的關鍵目標是建立豐富的學習體驗，著重於技能和價值觀的培養。透過自然材料藝術創作，幼兒不僅習得創作技巧，還能夠認識到自然資源的可持續利用，培養對環境保護的自覺與責任感（圖 14-5）。

圖 14-5　教學模式應用

(一) 清晰明確的學習目標設定

確保每個活動都有明確的學習目標，例如透過藝術創作深化幼兒對自然環境的理解，以及透過合作學習提升其社交技能和團隊合作能力。

(二) 多元化的教學方法選擇

結合探索式學習、合作學習和多媒體資源的應用，以滿足不同學習風格和需求，從而促進幼兒全面發展。

(三) 跨學科融合的設計

將藝術、科學、社會學習和語言發展相結合，設計跨學科的學習體驗，幫助幼兒在多個學科領域中建立關聯，提升他們的綜合能力和學科素養。

(四) 情感和價值觀的培養

透過自然材料藝術創作等活動，培養幼兒對環境保護的自覺和責任感，同時促進其情感表達能力和倫理價值觀的發展。

(五) 實際操作和反思的機會

提供豐富的實際操作機會，讓幼兒透過實際體驗來理解和應用所學知識，並鼓勵他們反思和分享學習過程中的體會和成就。

教學模式應用技巧有助於建立意義深遠的學習環境，促進幼兒的全面發展和跨學科素養。

四、教學模式檢核與省思

教學模式的檢核與省思是確保教學效果和持續改進的關鍵步驟。教師需評估幼兒達到創造力、自然環境理解和環保意識目標的效果，包括觀察、作品評估和互動反饋。

五、教學模式內化與創新

教學模式的內化與創新是確保教學效果深遠和永續發展的關鍵要素。

(一) 教學模式內化

教學模式的理念、價值觀和方法被教師充分內化，成為其教學信念和實踐的核心，特別是在培養幼兒創造力、增進對自然環境理解和提升環保意識方面。

(二) 創新展現

在教學模式中扮演著推動力的角色。這包括不斷探索新的教學策略、活動設計和資源應用，以更有效地達成教學目標。

(三) 靈活應變

教師可以透過整合先進的科技工具或社群資源，來拓展幼兒的學習體驗和認知視野，進而激發其對環境和創意的探索與理解。

教師透過內化模式，深化教育理念，激發創新實踐；同時透過創新探索和應用，解決挑戰，精進模式，提升教育品質。

(四) 掌握核心概念

教學模式的內化與創新促進教育環境的效能與創新，結合幼兒藝術與環境教育，啟發幼兒的創造力、想像力和好奇心。

本章討論問題

1. 在幼兒教育中，幼兒藝術與環境教育的結合被認為是一種豐富而有意義的教學方式。這種結合不僅激發了幼兒的想像力和創造力，還培養了他們對環境的認識和關懷。請你以 ASSURE 教學模式，設計一個關於幼兒藝術與環境教育結合的研究教學活動。

2. 論述幼兒時期的美感經驗如何建立在探索和覺察能力之上，探討幼兒如何透過藝術媒介如視覺圖像、聲音節奏、身體律動和戲劇表演，展現其想像力和創造力。

3. 分析幼兒藝術表達與環境教育之間的關係，探討如何透過整合這兩個領域來提升幼兒對環境的敏感度、創造力和美感欣賞能力。

第十五章

幼兒藝術教育與社會互動

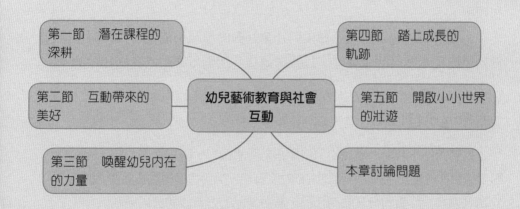

第一節　潛在課程的深耕

第二節　互動帶來的美好

第三節　喚醒幼兒內在的力量

幼兒藝術教育與社會互動

第四節　踏上成長的軌跡

第五節　開啟小小世界的壯遊

本章討論問題

創意互動的啟發

在幼兒的成長過程中，藝術在幼兒與社會互動中扮演著關鍵的橋梁角色。本章節將探討幼兒藝術與社會互動之間的關聯，並著重於潛在課程的深耕、互動所帶來的美好、喚醒幼兒內在的力量、踏上成長的軌跡以及開啟小小世界的壯遊。

潛在課程的深耕指的是透過藝術活動，深入挖掘幼兒潛在的學習機會與成長空間，並在其中培養其創造力、想像力和表達能力。藝術活動帶來的美好不僅體現在幼兒作品的豐富多彩，更在於這些活動所帶來的愉悅與共享，以及從中學習和成長的過程。藝術活動開啟了幼兒的小小世界，讓他們在其中探索、發現和創造，對自己、他人和周遭環境有更深入的認識和理解。

本章節將透過探討幼兒藝術與社會互動的種種可能性，來呈現藝術對於幼兒成長和發展的重要性，以及透過這些活動所帶來的美好和啟迪。

本單元學習目標

1. 透過藝術創作活動，激發幼兒的創造力和想像力，開創美感和審美能力。
2. 透過合作性藝術活動，增強幼兒的社交技能，培養合作態度和同儕溝通能力。
3. 透過觀察、評價和分享藝術作品，激發幼兒的好奇心和藝術興趣。

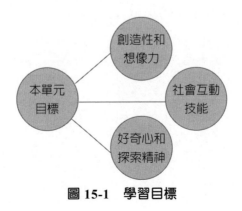

圖 15-1　學習目標

第一節 潛在課程的深耕

本章探討幼兒在藝術創作中的教育價值和學習機會，以及培養幼兒對藝術理解和欣賞能力的方法。潛在課程在幼兒教育中相當重要，未在正式課程計畫中明確規定的教育內容，透過教師的示範、言傳、活動設計及日常互動，深刻影響幼兒的認知、情感、態度和行為。意識到潛在課程的重要性，有助於創建支持幼兒全面發展的教育環境。

一、幼兒藝術的潛在課程的意涵

在幼兒藝術教育領域，潛在的課程價值不僅在於促進幼兒的身心全面發展，也涵蓋了社會互動的多重層面。

(一) 幼兒藝術的潛在課程的意義

幼兒藝術教育中，潛在課程涵蓋了多重意義。藝術活動與「工作」不僅是情感的表達方式，更是促進幼兒身心發展的重要途徑。透過繪畫、音樂和舞蹈，幼兒得以釋放內在情感，培養自我表達和情緒管理的能力，同時促進了他們的感官發展和身體協調性。

1. 促進全面身心發展：藝術活動提供幼兒安全的情感表達和處理管道，同時促進認知、感官發展和身體協調能力的全面提升。
2. 增強社會互動與合作能力：幼兒透過集體藝術活動如戲劇或音樂表演，培養團隊合作精神，提升語言發展和溝通技巧，並鍛鍊從他人角度思考和同理心。
3. 鼓勵藝術活動：鼓勵幼兒自由表達想法和情感，還透過探索不同形式和媒材來激發創造力和創新精神，培養好奇心和冒險精神。
4. 培養審美能力與文化理解：藝術創作和欣賞過程中，提升幼兒的審美能力，豐富其情感和心靈世界；同時，接觸不同文化元素的藝術作品有助於增強幼兒的文化多元性認知，培養包容性思維。
5. 促進自主性與自我表現：藝術活動不僅讓幼兒有機會自主選擇和決策，

培養自主性和自信心，同時透過創作反映個人經歷和感受，幫助他們更好地認識自己，增強表現能力。

(二) 幼兒藝術的潛在課程的內涵

幼兒藝術活動潛在的課程內容包括全面身心發展、社會互動與合作能力、鼓勵藝術活動、審美能力與文化認識的擴展，以及自主性與自我表現能力的促進（圖 15-2）。

圖 15-2　幼兒藝術的潛在課程的內涵

1. **全面身心發展**：藝術活動促進幼兒情感表達，同時培養認知能力，包括認知、語言和感知的發展，這些都是幼兒整體發展不可或缺的部分。
2. **社會互動與合作**：透過集體藝術創作和表演，幼兒學會與他人合作，發展團隊精神和溝通技巧。
3. **鼓勵藝術活動**：藝術活動鼓勵幼兒探索多樣藝術形式，激發創造力和想像力。
4. **審美能力與文化認識**：幼兒接觸多元文化元素的藝術作品，擴展視野，培養審美能力。
5. **自主性與自我表現**：藝術活動提供了自主選擇和表達的機會，讓幼兒在創作過程中找到自信，展現獨特的個人風格和表達方式。

幼兒藝術教育不僅培養技能，更促進人格和社會化。多樣性和包容性回應幼兒需求，豐富身心健康發展資源，並提升情感和社交能力，對未來發展有積極影響。

二、幼兒藝術的潛在課程內容

在幼兒園的潛在課程中，幼兒藝術扮演著橋梁的角色穿梭在各領域課程中（圖 15-3）。

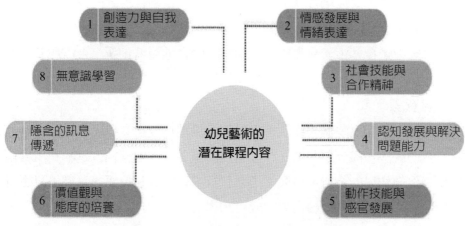

圖 15-3　幼兒藝術的潛在課程內容

(一) 創造力與自我表達

幼兒藝術教育應提供自主創作空間，透過自由繪畫、手工、舞蹈和音樂活動，促進幼兒的創造力和自我表達能力。

(二) 情感發展與情緒表達

藝術活動是幼兒表達和處理情緒的重要途徑，尤其對於難以用語言表達的情感更為有效。

(三) 社會技能與合作精神

集體藝術項目如合作繪畫或集體音樂演奏，教導幼兒合作、分享資源和溝通技巧。

(四) 認知發展與解決問題能力

藝術活動促進幼兒探索和解決問題，例如混合顏色或搭建結構，培養認知發展和解決問題能力。

(五) 動作技能與感官發展

藝術活動提升幼兒的精細動作技能，例如握筆畫畫和剪紙，有助於日後寫作和其他細緻工作。

(六) 價值觀與態度的培養

透過藝術，幼兒培養欣賞美的能力和對多樣藝術形式的尊重。

(七) 隱含的訊息傳遞

教師在選擇藝術素材和設計活動時，隱含地傳遞創新、合作和多元文化的價值觀，深刻影響幼兒的思想和行為。

(八) 無意識學習

透過創作和反映個人作品，幼兒無意識地形成自我概念和增強自信。

我們應該意識到這些潛在課程項目的重要性，並積極創造和利用藝術環境來促進幼兒的全方位發展。透過有意識的設計和反思，我們可以更有效地引導和支持幼兒在藝術中的成長和學習。

三、幼兒藝術的潛在課程目標

當設計幼兒藝術課程時，應該考慮如何支持和促進表達溝通、想像創造、推理賞析、關懷合作這四項核心素養。以下是每個核心素養的潛在課程目標（圖 15-4）：

(一) 表達溝通

幼兒藝術活動提供自由發揮的空間，促進使用多種藝術形式表達想法和情感，並與同伴分享作品和創作過程。

(二) 想像創造

藝術活動提供多樣化材料和開放性設計，激發幼兒創造力和想像力。幼兒透過自由繪畫和建構遊戲探索創意，將想像轉化成具體作品，並

透過故事或表演展示創作。

(三) **推理賞析**

透過觀察、分析藝術作品和討論不同風格和技法，幼兒理解色彩、形狀、線條等基本元素，並深入探索藝術創作的思想和文化背景。透過實踐活動，例如「和名畫聊天」和音樂節奏，幫助幼兒掌握基本藝術知識和技能，豐富其精神生活，激發對藝術的興趣和熱情。

(四) **關懷合作**

設計合作性藝術項目，例如集體壁畫或團隊舞蹈表演，讓幼兒學會分享資源、分工合作，並尊重每個人的創意和貢獻。參與式繪本創作對提升幼兒口語表達與創造力思考均有積極成效的表現（周敬模，2024）。

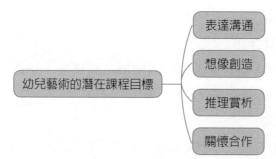

圖 15-4 幼兒藝術的潛在課程目標 ── 核心素養

幼兒藝術教育促進了社會互動和合作，爲他們提供了表達自我和與同儕分享的機會。透過觀察和評價他人作品，幼兒學會了尊重和欣賞不同觀點和風格，培養了同理心和社會情感。

四、幼兒藝術的潛在課程 ── 核心價值

幼兒藝術活動是重要的自我表達和創造途徑，也促進社會互動和美感培養。透過自由表達和共同創作，幼兒培養了表達能力、創造力和社交技能（圖 15-5）。

圖 15-5　幼兒藝術的潛在課程—核心價值

(一) **表達力與創造力**

幼兒藝術活動提供了一個自由發揮的空間，鼓勵幼兒表達自己的想法和情感，並發展創造力和想像力。

(二) **社會互動與合作**

透過藝術創作和分享，幼兒與同儕之間建立了互動和合作的夥伴關係，培養了他們的社交技能和合作態度。

(三) **美感與欣賞**

幼兒透過觀察和評價藝術作品，培養了對美的感知和欣賞能力，激發了他們對藝術的興趣和熱情。

幼兒藝術活動在幼教教育領域扮演核心的關鍵。這些活動不僅促進幼兒自我表達和創造力，還培養其社會互動能力和美感認知。透過藝術探索，幼兒豐富情感並發展社交技能，為全面發展奠定基礎。

第二節　互動帶來的美好

透過藝術創作和分享，幼兒間建立了深層的互動和合作，促進了社交氛圍的和諧和積極性。從繪畫到音樂表演，他們表達個人情感，同時學會尊重和欣賞他人的創意。這些經驗豐富了幼兒的生活，為未來社交和個人

成長奠定了堅實基礎。

(一) 樂於分享

在幼兒教育中，分享是社會化不可或缺的一部分，涵蓋物質和情感層面的交流。透過分享，幼兒學習公平、合作和同理心，這些能力有助於他們在群體中發展社交技能和情感聯繫，增強協作能力。

(二) 樂於工作

在幼兒發展的早期階段，「工作」指他們參與有目的和結構化的活動，對認知和情感發展至關重要。當幼兒投入挑戰性的活動中，他們展現出高水準的參與和專注，這些活動設計在能力範圍內但有一定挑戰性。

(三) 樂於生活

幼兒期是形成生活態度和價值觀的關鍵時期。積極的態度有助於增強幼兒的幸福感和心理韌性，並促進健康的社交關係。透過日常活動，幼兒體驗到快樂和滿足，培養積極的生活態度，並在面對挑戰時保持堅韌和樂觀。

(四) 樂於創造

創造力是幼兒發展中不可或缺的一部分，表現為他們生成新穎解決方案的能力。藝術創作、角色扮演和自由遊戲是他們表達創意和想像力的主要途徑，同時促進認知靈活性、問題解決能力和情感表達。

第三節 喚醒幼兒內在的力量

引導幼兒發現和表達自己的情感、想法和創造力，鼓勵他們發揮內在的潛能。

在幼兒教育中，「喚醒幼兒內在的力量」意味著透過系統化的教育方法和環境設計，幫助幼兒發現和表達情感、想法和創造力。這涉及人本主義心理學和建構主義教育理論，強調每個幼兒潛在的能力和自我實現的重要性。

一、喚醒幼兒內在的力量 ── 合宜策略達全方位發展目標

要在實踐中喚醒幼兒內在的力量，教學者需要採取具體的策略和措施來支持幼兒的全方位發展。這些策略包括：

(一) 創設安全且支持性的環境

教師應創造一個安全且鼓勵探索的教學環境，讓幼兒感受到被尊重和支持，從而敢於表達自己的情感和想法。

(二) 提供豐富的探索材料和機會

教師應該提供多樣化的材料和活動，鼓勵孩子們透過遊戲、角色扮演和創意藝術來探索和表達他們的內在世界。

(三) 個性化的指導和支持

教師需要觀察和理解每個孩子的獨特興趣和需求，提供個性化的支持和指導。

(四) 促進自我反思和表達

教師應該設計活動和使用策略來鼓勵幼兒反思自己的學習經歷和情感表達。

這些策略其目的都是在培養幼兒的自信心、獨立性和創造力，幫助他們發現和發揮內在的潛能。

二、目標核心價值

在幼兒教育中，培養自主性、增強自信心、發展創造力和挖掘個人潛能是重要目標。透過鼓勵幼兒自主探索和表達，教師促進其獨立思考和解決問題能力，擴展認知範疇並提升信心；安全的表達環境有助於建立積極自我形象和強化社交情感能力；藝術創作和探索遊戲激發創意和靈活解決問題能力。這些策略共同促進全面發展，包括認知、情感、社交和身體發展，為幼兒未來的學習和成長奠定堅實基礎（圖 15-6）。

圖 15-6 目標核心價值整合

(一) 培養自主性

鼓勵幼兒自主探索和表達自我，培養獨立思考的能力。

(二) 增強自信心

支持幼兒在安全的環境中表達自己，建立積極的自我形象。

(三) 發展創造力

提供多樣化的材料和機會，激發幼兒的創意和創造性思維。

(四) 挖掘個人潛能

喚醒並發揮每位幼兒的內在潛力，促進全面的發展。

在幼兒教育中，促進幼兒自我意識的形成，在穩定的環境中自由表達，有助於建立積極自我形象，增強情感調節和社交技能。

三、喚起之創思策略

在為幼兒創建學習環境時，溫柔而堅定的態度至關重要。這樣的環境不僅安全和尊重，還充滿正向的支持和鼓勵，讓每位幼兒感受到他們的價值和重要性。提供豐富的學習材料和多樣化的活動資源，讓幼兒自由選擇和探索，滿足他們的好奇心，並激發創造力和自信心。

（一）**創設支持性的學習環境**

提供一個安全、尊重且充滿鼓勵的教學氛圍。

（二）**提供豐富的學習材料**

多樣化的活動和資源，讓幼兒自由選擇和探索。

（三）**個性化指導**

根據每位幼兒的興趣和需求，提供量身訂製的支持和引導。

（四）**促進自我表達**

設計活動來激勵幼兒反思和分享自己的情感和經驗。

要創建支持性的學習環境，教師需要建立安全、尊重和鼓勵的氛圍，讓每位幼兒感到舒適並積極參與學習。提供豐富的學習材料和多樣化的活動資源，讓幼兒根據自己的興趣和風格自由探索。

第四節　踏上成長的軌跡

藝術活動在幼兒發展中是正向的學習軌跡，提供表達情感和創造力的平台，同時建立自信心和自我價值感，促進全面發展。

藝術活動培養了幼兒有效表達情感和經歷的能力，這不僅有助於情感管理，還增強了社交技能和人際互動能力，從而促進綜合成長（圖15-7）。

圖 15-7　踏上成長的軌跡

（一）**藝術活動的重要性**

藝術活動不僅提供了幼兒表達情感和創造力的機會，更重要的是，它有助於建立自信心和自我價值感。

（二）情感表達與成長

透過參與藝術活動，幼兒能夠學會如何有效表達自己的情感和經歷。

（三）創造力的啟發

藝術活動激發幼兒的創造力和想像力，這些都是他們未來學習和解決問題所需的重要技能。

（四）自我探索與發現

藝術活動不僅是一種技能的學習，更是一種自我探索和發現的旅程。

藝術活動對幼兒發展至關重要，不僅是表達情感和創造力的平台，更是建立自信心和自我價值感的重要途徑。透過繪畫、音樂、舞蹈和戲劇，幼兒探索身分、發展才能，促進全面成長。

第五節 開啟小小世界的壯遊

透過藝術作品的展示和分享，擴展幼兒的視野，讓他們深入了解不同文化和觀點，開啟探索世界的旅程。藉由視覺藝術，幼兒展現獨特的創造力，同時擴展世界觀。這過程不僅促進了他們的社交技能和表達能力，也加強了問題解決能力和批判性思維。

一、開啟壯遊藝術之旅

在幼兒教育的領域中，藝術作品的展示和分享不僅是一種創意的表達方式，更是一扇通往廣闊世界的窗戶。作為幼教教師，我們在這段過程中，肩負著引導幼兒開啟他們「小小世界壯遊」的使命，讓他們踏上一場充滿溫馨和期盼的小英雄旅程（圖 15-8）。

（一）勇氣之鑰

在幼兒教育中，透過藝術作品的創作與表達，培養幼兒面對挑戰的勇氣與自信。這不僅是技能的學習，更是心智成長的關鍵。

圖 15-8 開啟壯遊藝術之旅

(二) 堅定信心

在安全、包容的環境中支持幼兒展示獨特想法和創意至關重要。我們以堅定的信心提供這樣的環境，讓幼兒自由表達和探索，促進情感和社交發展。

(三) 勇往直前

教學引導者應以正向鼓勵支持，勉勵幼兒積極探索和表達自我，並迎接新的藝術挑戰和學習機會。這不僅培養了幼兒的探索精神和自主學習能力，也促進了他們在藝術創作中的成長與進步。

(四) 藝術之眼

透過欣賞和創作藝術作品，我們啟發幼兒對美的感知與理解，培養他們的審美能力。

(五) 淬鍊豐富經驗

透過多樣的藝術活動和文化體驗，豐富幼兒的生活經驗和知識庫是幼兒教育的關鍵策略。參與視覺藝術、音樂、舞蹈和戲劇等活動，幼兒能探索不同的表達方式，啟發創意思維和表達能力。

　　藝術創作與表達在幼兒教育中至關重要，不僅培養技能，還鞏固情感基礎，促進自我認知和情感表達。

二、藝術與社會互動的融會貫通

　　藝術作品不僅帶來視覺享受，更是促進社會互動和文化交流的橋梁。在幼兒階段，是他們初步認識和理解世界的重要時期。

(一) 藝術與社會互動之重點

　　藝術作品作為幼兒初步認識和理解世界的關鍵時期的重要工具，不僅提供視覺上的享受，更重要的是作為社會互動和文化交流的橋梁。

(二) 藝術與社會互動之價值

　　藝術與社會互動豐富了幼兒的感知經驗，促進多元文化意識和自我認同。

(三) 教師的關鍵角色

　　教師在此扮演關鍵角色。他們需敏銳理解幼兒的藝術及社會互動需求，策劃適切的藝術活動，建立自由探索的學習環境。

三、藝術與幼兒的互動影響

　　在幼兒教育中，藝術活動是一個潛在課程，融入日常教學和生活中。這些活動不僅限於繪畫或手工製作，還包括音樂、舞蹈和戲劇等多樣表達形式。

(一) 成就多元的表達形式

　　藝術活動提供了多樣的表達途徑，不僅限於繪畫或手工，還包括音樂、舞蹈和戲劇等形式，滿足不同幼兒的興趣和才能。

(二) 感知與情感的培養

　　透過藝術活動，幼兒能夠豐富感官體驗，表達和處理情感，培養情緒管理能力和情感表達的技巧。

㈢ 認知能力的提升

藝術活動促進幼兒的語言發展、記憶力和問題解決能力,鼓勵他們思考、觀察和分析。

㈣ 社會技能的培育

透過合作創作和集體表演,幼兒學習團隊合作、溝通與分享,培養社會技能和集體意識。

藝術活動在幼兒教育中扮演多重角色,包括提供多樣表達形式如繪畫、手工、音樂、舞蹈和戲劇,滿足不同興趣和才能;豐富感官體驗、培養情感表達能力和情緒管理技巧;促進語言發展、記憶力和問題解決能力;以及培養團隊合作、溝通技巧和集體意識。

四、尊重與愛的分享

透過展示和分享藝術作品,幼兒可以從中感受到創作的樂趣,並且理解藝術是如何反映和塑造社會現實的。同時,他們在與同儕分享和討論作品的過程中,也能夠學習到如何尊重和欣賞不同的觀點和意見。

五、探索世界的無限可能 —— 英雄啟程

每一位幼兒都是一位小小的探險家,他們擁有無限的想像力和創造力,等待著我們去引導和激發。這是一場關於發現自我、理解他人和探索世界的旅程。

我們期盼著,在這段旅程中,幼兒能夠培養出對藝術的熱愛,並且在接觸不同文化的過程中,擁有更加寬廣的視野和包容的心態。更重要的是,希望他們能夠在這場壯遊中,找到屬於自己的英雄之路,勇敢地面對未知的挑戰,並在未來的世界中,繼續探索和創造屬於自己的精彩。

本章討論問題

1. 在幼兒園教育中，藝術活動如何作為潛在課程的一部分，促進幼兒的全面發展？請結合具體的例子，討論藝術活動在激發幼兒的創造力、培養社交技能和促進情感發展等方面的作用，以及教師在設計和引導這些活動時應該考慮的關鍵因素。

2. 說明潛在課程如何透過日常互動、班級氛圍和活動設計，對幼兒的價值觀、情感和社交能力產生影響。請結合具體的幼兒園藝術活動範例加以說明。

3. 探討幼兒在藝術創作中如何透過與同儕的合作和互動，增進其社交技能和合作精神。請舉例說明藝術活動如何幫助幼兒發展這些能力。

第十六章

幼兒藝術與未來發展趨勢

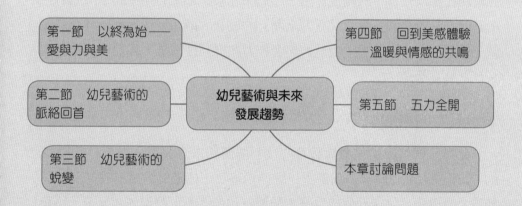

第一節　以終為始──
愛與力與美

第二節　幼兒藝術的
脈絡回首

第三節　幼兒藝術的
蛻變

幼兒藝術與未來
發展趨勢

第四節　回到美感體驗
──溫暖與情感的共鳴

第五節　五力全開

本章討論問題

　　本章聚焦幼兒藝術教育的核心價值與未來趨勢，從多角度探討其潛力和發展方向。凝聚愛、力量和美爲願景目標，探討藝術教育對幼兒情感和創造力的深遠影響。

　　幼兒藝術的發展歷程深具意義，從早期的重要里程碑到現今的變革，探索其在數位科技化和全球化背景下面臨的新挑戰。第一節「以終爲始——愛與力與美」從凝聚愛、力量和美作爲願景開始，探討藝術教育如何深遠影響幼兒的情感和創造力。第二節「幼兒藝術的脈絡回首」回顧幼兒藝術的歷史發展，分析其重要里程碑和轉變。第三節「幼兒藝術的蛻變」討論幼兒藝術教育如何在數位科技化和全球化的背景下演變，並探索新的趨勢和挑戰。第四節「回到美感體驗——溫暖與情感的共鳴」強調美感體驗在藝術教育中的關鍵作用，透過深度參與來激發幼兒的審美能力。第五節「五力全開」探索「五力全開」的概念，即如何透過藝術教育培養幼兒的創造力、感受力、表現力、合作力和批判性思維，爲他們的未來成長打下堅實基礎。

一、五力的核心價值

　　此章節聚焦於幼兒藝術教育的核心價值和未來發展，以 L‧E‧A‧R‧N 學習的核心價值爲基礎：以愛作爲基石，促進師生情感連結和幼兒創造力的激發；賦能幼兒成爲自主學習者和創造者；體現美感素養，培養幼兒對美的敏感度；研究推動藝術教育發展，探索其對幼兒多層面成長的影響；以及網路爲教育帶來新契機（16-1）。

(一) 教師關懷匯聚藝術熱愛（Love）

　　愛是幼兒藝術教育的基石，體現爲教育過程中師生之間的情感連結和對個體發展的深切關懷。

(二) 主動學習的力量（Empowerment）

　　在幼兒藝術教育中，力量代表賦能，透過藝術啟迪和培養幼兒的創造力、自信心和自主性，使他們成爲主動的學習者和創造者。

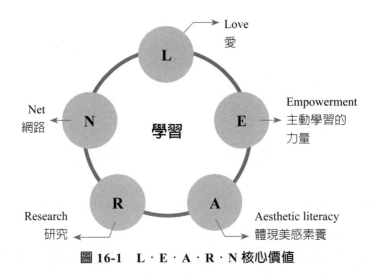

圖 16-1　L．E．A．R．N 核心價值

㈢ 體現美感素養（Aesthetic literacy）

美是藝術教育的終極追求，透過培養幼兒對美的敏感度和欣賞能力，使其心靈獲得滋養和昇華。

㈣ 研究（Research）

幼兒藝術教育的研究透過深入探討其對幼兒各方面發展的影響，推動教學方法和策略的有效性，促進創意思維和問題解決能力，並分享最佳實踐以支持教育工作者。

㈤ 網路（Net）

在數位時代，網路擴展了幼兒藝術教育的資源和跨文化學習機會，但也帶來了安全和隱私挑戰，需要教學者和家長共同確保幼兒的安全和健康發展。

二、愛是關鍵核心

愛是核心價值中最為關鍵的連結，因為它是所有教育行為的起點和根基。在幼兒藝術教育中，愛表現為對幼兒的深切關懷和支持，這不僅促進了他們的藝術創作，還培育了他們對於自身、他人和世界的深刻情感連結。

（一）**愛作為動力**

愛激發幼兒對藝術的熱情，推動他們勇敢探索和創造，從而開啟力量和美的發展之門。

（二）**愛作為支持**

在充滿愛的教育環境中，幼兒感受到被理解和支持，這種安全感促進了他們的自主性和創造力。

（三）**愛作為連結**

愛促進了幼兒對自己、他人和環境的深層理解和同理心，這對於幼兒的全面發展是相當重要。

因此，愛在幼兒藝術教育中扮演著不可或缺的核心角色，它不僅是教育的出發點，也是引領力量和美實現的基石。

● 本章學習目標

1. 透過情感支持和創造力的激發來深化幼兒對藝術的連結。
2. 聚焦於數位科技和全球化對藝術教育的影響和挑戰。
3. 專注於如何提升幼兒的審美能力和感知力。

第一節 以終為始 —— 愛與力與美

展望幼兒藝術未來發展，「以終為始」的信念至關重要，愛、力量和美是其核心支柱，啟迪幼兒心靈，追求溫暖和美好生活。愛在幼兒藝術教育中支持情感連結與激發創造力；數位科技和全球化帶來新機遇和挑戰，需深入分析其影響以塑造未來教育模式。

一、情感連結創造力

愛在幼兒藝術教育中扮演著關鍵角色，不僅僅是情感的表達，更是促進學習和創造力的重要推動力。建立安全、支持的教育環境，以愛深化幼

兒與藝術作品的情感連結，促進情感成長和創造力，教學者應在設計課程時積極營造這種氛圍。

(一) 情感的表達

愛不僅僅是一種情感，它在幼兒與藝術作品之間建立了深厚的情感連結。

(二) 持續的學習

愛作爲一種支持和安全感的創造者，能夠使幼兒更積極地參與藝術活動和學習過程。

(三) 創造力的推動

愛激發了幼兒的創造性思維和行爲的動力。

(四) 正向的教學氛圍

教學者應當利用愛來建立支持和激發創造力的教學氛圍。

(五) 藝術教育課程的設計影響

愛作爲引導原則，應當在藝術教育課程的設計中得到積極運用。

愛在幼兒藝術教育中扮演著靈魂角色，促進情感成長、認知和全面發展。教學者應以愛爲引導，設計支持情感連結和創造力的課程，確保幼兒在愛的氛圍中成長，發揮潛能。

二、數位科技與全球化對幼兒藝術教育的影響：機遇與挑戰

數位科技和全球化爲幼兒藝術教育帶來豐富的機遇和挑戰。數位工具讓幼兒透過互動媒體和虛擬體驗探索不同藝術形式，擴展視野，提供個性化和互動性的學習機會。

(一) 現今藝術教育背景

教學者應警惕數位科技帶來的挑戰，若過度依賴電子媒介可能削弱幼兒的手工藝術技能和直接互動能力。未來的藝術教育模式應尊重傳統技能，同時融合現代科技，豐富幼兒的藝術體驗。

(二) 藝術教育的機遇與機會

數位科技和全球化爲幼兒藝術教育帶來了多重機遇，現代科技工具和互動媒體豐富了幼兒的學習平台，讓他們能夠自主探索藝術形式和創作方式，擴展視野，並透過個性化的教育方式提升參與感和學習效果，同時促進跨文化理解和交流能力。

(三) 教學現場的挑戰

1. **學習者過度依賴電子媒介**：可能會削弱幼兒的手工藝術技能和直接互動的能力，影響其感官和觸覺發展。

2. **學習者數位鴻溝**：不是所有幼兒都能夠輕鬆接觸到數位科技，這可能加劇教育不平等問題。

3. **數位安全和隱私問題**：數位平台使用時需關注幼兒的安全和隱私保護問題，需要加強管理和監控。

(四) 反思教與學

1. **教學方法和策略**：需尋找平衡，既保留傳統手工藝術的重要性，又結合現代科技以提升藝術教育的多樣性和深度。

2. **課程設計和資源管理**：需要選擇和整合適合的數位工具和資源，以支持幼兒的藝術學習和創造力發展。

3. **家長和社區的參與**：教學者需與家長和社區密切合作，確保幼兒在家庭和社區中也能獲得良好的數位藝術環境和支持，並在教學中平衡傳統藝術技能與現代科技，豐富幼兒的學習體驗。

(五) 策略與方法

1. **整合數位科技於課堂**：設計藝術活動時，考慮運用數位工具如平板電腦或藝術應用程式，增強幼兒的互動和參與。

2. **平衡數位與手工藝術**：確保教學中既有數位藝術體驗，也有手工創作的機會，鼓勵幼兒全面發展各種藝術技能。

3. **家長和社區參與數位正向力量**：與家長分享數位科技在藝術教育中的重要性，鼓勵他們在家庭中支持幼兒的藝術探索和創作。

㈥ 美感教育在幼兒藝術教育中的核心地位

美感教育是幼兒藝術教育的核心，透過理解藝術形式和多感官體驗，培養幼兒的審美能力和創造力。

綜上所述，理解並運用數位科技與全球化的機遇，同時有效應對其挑戰，是我們身爲教學者的責任與挑戰。這需要我們不斷學習和調整教學方法，以確保每位幼兒都能在藝術教育中獲得豐富而全面的成長體驗。深化對幼兒藝術教育未來發展的理解，並有效將愛、力量和美這些核心價值融入教育實踐，促進幼兒在藝術中的豐富成長。

第二節　幼兒藝術的脈絡回首

回顧歷史，我們會看到幼兒藝術如同一幅流動的畫卷，充滿了豐富的色彩和細節。從最初的塗鴉到當代的多媒體創作，幼兒藝術經歷了各種形式的演變，每一個時期都留下了深刻的印記。

㈠ 起源與初期探索

幼兒藝術的起源可以追溯到幼兒發展心理學的早期階段，幼兒透過最初的塗鴉和自發性表達展現創造力和想像力。

㈡ 技術和形式的豐富

幼兒藝術的演變展示了他們在使用各種材料和技術上的多樣性，豐富了創作方式和表達形式。

㈢ 教育實踐的演進

幼兒藝術對教育實踐的影響是當代幼教教師需重視的課題。從早期的實驗性探索到現今對藝術整合的深入研究，教育實踐進步，更有效支持幼兒的藝術表達和美感發展。

㈣ 跨文化和全球化影響

幼兒藝術演變不僅受單一文化影響，還深受跨文化和全球化影響。不同文化背景展示多樣藝術形式和表達方式，反映各文化對創意和美學的獨

特看法。

(五) 未來展望與挑戰

　　幼兒藝術在數位時代面臨新挑戰和機遇。科技發展要求藝術教育整合新媒體和數位工具，並有效融入教學。

　　幼兒藝術發展如彩色畫卷，從塗鴉初現創造與表達重要性，為技能與情感奠基；多樣技術與材料豐富創作，促進感知與視覺發展；藝術融入幼兒教育支持語言、社交和感知成長；跨文化影響豐富多元藝術，尊重文化表達。教學者應整合新媒體、探索創新策略，激發幼兒想像力，促進全方位藝術成長。

第三節 幼兒藝術的蛻變

　　隨著科技與社會的迅速發展，幼兒藝術教育正經歷著前所未有的蛻變。從傳統的繪畫和手工到如今的數位藝術與多媒體互動，幼兒藝術的表現形式愈加多元化和豐富化。

一、幼兒藝術形式的演變

　　隨科技和社會發展，幼兒藝術從傳統到數位平台的轉變深刻影響創作體驗和感官發展。從畫筆到觸控筆，改變創作方式和情感表達，技術變革影響感官體驗和創造力。

　　從手工藝到數位平台的轉變，擴展了幼兒的創作空間和工具選擇，重新定義了他們與藝術的互動方式和感知體驗。

二、科技和社會對幼兒藝術教育的影響

　　科技和社會的快速進步深刻影響了社會結構、文化和教育。科技普及和數位化趨勢為幼兒藝術教育帶來新機遇和挑戰。多元文化背景和全球化影響了藝術作品的主題和風格，教學者需具備跨文化教學能力，促進幼兒

全球視野和文化理解。

當科技與社會進步影響幼兒藝術教育時，應關注科技使用對幼兒身心發展的影響，平衡數位與真實經驗，確保科技工具適齡且具教育價值，並強化教師數位素養，避免科技依賴削弱幼兒創造力與社交能力。

(一) 數位平台的普及與教育工具的演進

隨著數位技術的普及，教學者需掌握新型繪圖軟體及觸控技術，以支持幼兒在虛擬環境中進行創作。

(二) 全球化和多元文化的影響

社會的全球化使幼兒藝術教育需面對來自不同文化背景的影響和挑戰。

(三) 創意和批判性思維的培養

科技進步提供了更多實驗和探索的機會，幼兒可以在虛擬環境中自由表達想法和情感，這有助於培養創意和解決問題的能力。

(四) 技術應用的挑戰與倫理考量

教學者需警覺科技應用中的倫理與隱私問題，保護幼兒在線上的安全與隱私。幼兒數位藝術創作過程中，需要教學者引導其正確使用科技工具，避免過度依賴和技術侵入。

(五) 學術研究和教學方法的演進

科技進步促進了幼兒藝術教育領域的學術研究和教學方法的更新。研究者和教學者透過科技工具探索更有效的教學策略和評估方法，提升幼兒藝術教育的品質和效果。

科技和社會的進步深刻影響了幼兒藝術教育。然而，科技應用也帶來了倫理挑戰，學術研究推動了新教學方法以提升幼兒藝術教育的效果和品質。

三、現代背景下的幼兒藝術教育核心價值

在當代社會背景下，保持和強化幼兒藝術教育的核心價值至關重要。儘管科技和多元化的藝術表達形式帶來新挑戰，核心價值仍然在於促

進幼兒的創造力、自我表達和情感表達能力。

(一) 促進創造力

藝術教育透過豐富的創作體驗，激發幼兒探索和發展獨特的創意潛能，包括繪畫、雕塑、數位藝術和多媒體表達方式。

(二) 強化自我表達能力

藝術作為一種語言，允許幼兒用非語言的方式表達內心世界。這種表達不僅是情感的釋放，還有助於他們建立自信和自我認同。

(三) 培養情感表達能力

藝術作品反映了幼兒內心深處的情感和情緒體驗，有助於他們認識和理解自己及他人的情感反應。

(四) 提供安全的創作空間

藝術教育的環境設置了一個無壓力和開放的場所，鼓勵幼兒在其中自由地探索和實驗。

(五) 發掘和發展興趣和專長

藝術教育透過多樣化的學習體驗，幫助幼兒發現和發展其獨特的藝術天賦。從早期的視覺和感官探索，到後來的專業指導和深入學習，幼兒在這個過程中逐步找到自己的興趣和專長。

核心價值對幼兒的藝術發展和成長影響深遠。在科技和多元文化的現代背景下，教學者的角色相當關鍵，需尊重和支持幼兒的創造力，鼓勵他們透過藝術探索社會議題和文化身份，促進全面發展。

第四節 回到美感體驗——溫暖與情感的共鳴

在現代社會快節奏的生活和教育環境中，重視和強化幼兒美感體驗，啟發他們感知世界和表達自我的重要途徑，促進全方位的發展。

一、美感體驗：溫暖情感的橋梁

美感體驗爲幼兒心靈帶來溫暖和感動，建立情感橋梁。這超越了視覺欣賞，深刻感知生活中的美，例如色彩變化、形狀和諧、聲音共鳴、觸感柔和。

二、在教育中創造美感體驗的策略

營造美感教室環境，透過色彩、藝術品和多感官活動，啟發幼兒創意探索與情感表達，並促進全面感官協調與美感體驗。

(一) 營造充滿美感的環境豐富境教

打造充滿藝術氛圍的教室，運用豐富色彩裝飾和展示幼兒的藝術作品，讓他們在日常活動中自然感受到美的存在和溫馨氛圍。

(二) 設計多感官的體驗活動激發高峰經驗

安排多感官藝術活動，例如自然觀察、音樂聆聽、材質感受等，讓幼兒在豐富的感官刺激中體驗美的魅力。

(三) 鼓勵自由和創意的表達、尊重包容與理解

提供多樣藝術材料和工具，例如繪畫、雕塑、音樂和舞蹈，讓幼兒自由表達內心感受和想法，激發創造力，並促進情感和思維的表達。

在現代生活中，幼兒對美的感知常被忽視，然而美感體驗不僅是視覺享受，也豐富情感並提升審美能力。

三、美感體驗的實踐應用

美感體驗是神奇的旅程，從日常觀察到深度的藝術創作，豐富幼兒的學習和情感價值。安排時間觀察周圍的世界，例如教室牆上的藝術作品或窗外景致，鼓勵描述與分享，培養觀察和表達能力。定期舉辦各類藝術創作活動，提供多樣材料，展示幼兒的作品，激發他們的創作熱情和表達能力。

（一）**日常觀察與反思**

　　鼓勵幼兒觀察日常美好，例如花朵盛開、天空變幻和友情微笑，並分享他們的感受和想法，激發情感共鳴。

（二）**團體合作的藝術項目**

　　定期帶領幼兒參與集體藝術活動，例如共同創作畫作、舉辦小型音樂會或設計群體舞蹈，促進合作和團隊精神，同時體驗美感帶來的情感連結和成就感。

（三）**家庭與社區的藝術融入**

　　鼓勵家長和社區成員參與幼兒藝術教育活動，例如藝術展覽、家庭工作坊或社區藝術計畫，擴展幼兒的藝術體驗和社會情感連結。

　　綜上所述，透過多元藝術活動深化幼兒對美的感知和體驗，豐富情感世界，激發創造力，促進全面發展。這種綜合美感教育不僅助益學術成就，也深刻影響情感和心靈成長，使幼兒具備在生活中尋找和欣賞美的能力，為未來的挑戰提供積極和開放的心態。

第五節 五力全開

　　在幼兒藝術教育中，培養創造力、感受力、表現力、合作力和批判性思維至關重要。這些能力不僅是藝術的關鍵，也為幼兒未來的成功奠定基礎。教師可以透過開放性創作任務，激勵幼兒探索不同表達方式和材料，引發他們的創造潛能。

一、兒童的「五力」介紹

（一）**感受力**

　　強調幼兒對美感和情感的敏感度，能夠深刻理解和體驗藝術作品所傳達的意義和情感。透過觀賞藝術作品、聆聽音樂、觸摸不同材質等感官體驗活動，豐富幼兒的感官體驗，有助於培養他們對美的敏感度和理解力。

㈡ 表現力

指幼兒能夠有效表達自己的思想和情感，包括語言和藝術形式如繪畫、音樂或舞蹈。透過舞台演出、展覽或公開表演，教師能夠提供幼兒展示和分享創作的機會，從而提升其表現能力和自信心。

㈢ 合作力

幼兒在團隊合作中展現的能力，包括有效溝通、共享責任和協調合作，這在藝術團體項目或集體創作中尤其重要。

㈣ 批判性思維

指幼兒具備分析、評估和批判藝術作品的能力，包括理解背後的意圖、評價技術使用和判斷美學價值。

㈤ 創造力

指幼兒產生獨特和創新思想、概念或解決方案的能力，不僅體現在藝術創作，也擴展至生活和學術領域。

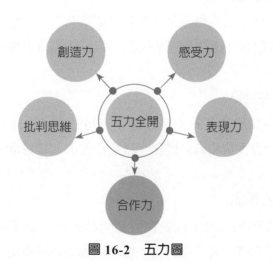

圖 16-2　五力圖

這些核心能力的培養相當重要，還直接影響幼兒的認知和情感發展。教學者適切引導並有效設計教學策略，促進幼兒全面發展，培育其價值觀和社會互動能力，幫助他們建立積極學習態度和自信心，迎接未來的挑戰和機遇。

二、內容目標與五種感官全面打開

　　教育的目標是全面開發幼兒的五種感官：視覺、聽覺、觸覺、嗅覺和味覺。設計多感官體驗活動，例如觀賞藝術、聆聽音樂、觸摸材質、辨味香氣，促進幼兒感知周圍世界的美和多樣性，並豐富其創作和表達能力。

(一) 視覺感知的豐富性

　　設計多彩的視覺藝術活動，例如觀賞藝術作品和自然景觀探索，啟發幼兒對色彩、形狀和空間的敏感度。

(二) 聽覺感知的啟發

　　幼兒聽覺感知啟發活動包括音樂聆聽、自然聲音辨識、樂器探索、聲音的好朋友配對遊戲及故事聆聽互動。還可設計節奏模仿、音高辨別、環境聲音尋寶活動，以及透過聲音創作和團體討論，激發幼兒對聲音的探索興趣與表達能力。

(三) 觸覺感知的體驗

　　重視提供多樣化藝術材料是幼教的重要策略。透過觸摸和感受，幼兒探索物質特性和紋理，例如觸摸藝術品、自然物體或實驗材料，設計觸覺體驗活動。

(四) 嗅覺感知的認識

　　提供嗅覺體驗是幼教的重要一部分。幼兒透過辨識和體驗不同的氣味，認識生活中的香味和氣息變化，啟發想像力和情感表達，促進感知和情感發展。

(五) 味覺感知的探索

　　透過味覺體驗如品嚐不同食物或調味品，設計豐富教學策略，讓幼兒深刻感受味道多樣性與文化特色。透過活動促進味覺發展，豐富生活體驗，激發好奇心與探索精神，並引導理解文化之異同。

三、巧妙運用、掌握核心、素養開展、學生中心

在幼兒藝術教育的實踐中，培養幼兒的五大核心能力，其目的在培養讓他們於眞實情境中面對問題、思考問題、解決問題的能力，以及創造力、感受力、表現力、合作力和批判性思維。這些能力不僅是藝術活動中蘊含的關鍵，更是幼兒未來生活和學習中成功的基石。

㈠ 巧妙運用

1. 創造力的啟發：透過開放的創作任務和多媒材探索，鼓勵幼兒展現獨立思考和創新能力。
2. 感受力的培養：透過觀賞藝術作品、聆聽音樂和參與感官體驗活動，強調對美感和情感的敏感度。
3. 表現力的提升：透過舞台演出、展覽或集體創作，不僅限於語言表達，還包括藝術形式的表達。
4. 合作力的培育：藉由團隊合作項目或集體創作活動，教導幼兒有效溝通、協作和責任分享的能力。
5. 批判性思維的養成：引導幼兒分析、評估和批判藝術作品，從中理解技術應用和美學價值。

㈡ 掌握核心，素養開展

有效開展幼兒的核心素養，重視個別需求和潛能，透過多樣教學策略和資源整合，建立支持性學習環境，培養批判思維和創造力，提升綜合能力和解決問題能力，激發學習動機和自主學習，促進社會參與和未來發展。

㈢ 學生中心，以學定教

實施「以學生為中心」的幼兒教育，重視個性化教學，啟發問題解決和自主學習，強調師生家長合作，促進全面發展和自信心。

透過藝術教育，我們為幼兒培養創造力、感受力、表現力、合作力和批判性思維，豐富了他們的成長旅程。這些能力不僅在藝術中展現，更是未來生活中解決問題的關鍵。作為教學者和啟發者，我們致力於塑造充滿

愛與美的教育環境，引導每位幼兒勇敢追求夢想，表達情感，永遠熱愛美與創意。

本章討論問題

1. 愛、力量與美：如何在幼兒藝術教育中平衡發展，應對數位科技和全球化的挑戰與機遇？
2. 如何透過教室環境中的色彩、燈光、自然元素及藝術品展示，全面提升幼兒的美感體驗和審美能力？
3. 在設計包含視覺、聽覺、觸覺的多感官活動時，如何激發幼兒對美的深度感知和創造力？

參考文獻

中文部分

Eisner, E. W.（2003）。藝術到底教些什麼？**國際藝術教育學刊，創刊號**，18-25。

毛連塭（2000）。創造力研究的發展。載於毛連塭、郭有遹、陳龍安、林幸台合著，**創造力研究**（頁 56-124）。臺北：心理。

王海燕（2019）。**幼兒園潛在課程之研究**（未出版之碩士論文）。國立清華大學。

王偉光（2002）。**兒童美育啟蒙：我的孩子是畢卡索**。臺北：新手父母出版。

王淑惠（2023）。**繪本教學介入對發展遲緩幼兒提升全方位技能之個案研究**（未出版之碩士論文）。國立屏東大學。

古芷婷（2021）。**繪本教學增進大班幼兒藝術創作能力之研究**（未出版之碩士論文）。南華大學。

甘晉榮（2017）。**綠建築知識融入幼兒園戶外遊戲場之行動研究**（未出版之碩士論文）。國立臺北科技大學。

田耐青譯（2002）。Harvey F. Silver, Richard W. Strong & Matthew J. Perini 著，**統整多元智慧與學習風格——把每位學生帶上來**。臺北：遠流。

吳清基（2007）。品質是價值和尊嚴的起點 專業是精緻和卓越的保證。**教師天地雙月刊**，147。

吳錦雲（2006）。**幼稚園本位課程發展之行動研究**（未出版之碩士論文）。國立中正大學。

李長俊譯（1985）。安海姆著，**藝術與視覺心理學**（修訂新版）。臺北：雄獅圖書。

卓秀枝（2021）。**運用 ADDIE 模式發展紙影戲教學提升發展遲緩幼兒基本科技素養之研究**（未出版之碩士論文）。國立高雄師範大學。

周天賜譯（2003）。Delisle, R. 著，**問題引導學習 PBL**。臺北：心理。

周敬模（2023）。**佛洛伊德精神分析理論融入兒童陶藝創作之方案與實踐：以拓展式思考法為中介變項——探究國小中年級創意思維之表現**（待刊登學術論文）。國立臺南大學。

周敬模（2024）。**參與式繪本創作對其語言能力的影響——以新竹縣幸福國小附設幼兒園為例**（待刊登）。國立臺南大學。

林妹靜（2006）。**圖畫書應用於幼兒藝術教學之研究——以色彩遊戲爲例**（未出版之碩士論文）。淡江大學。

林玫君（2015）。**幼兒園美感教育**。臺北：心理。

林曼麗（1995a）。解構視覺藝術教育知識體：探討台灣視覺藝術教育之主體性（上）。**美育，62**，32-47。

林曼麗（1995b）。解構視覺藝術教育知識體：探討台灣視覺藝術教育之主體性（下）。**美育，63**，38-49。

林曼麗（2001）。台灣視覺藝術教育理念之展開——藝術、人文、新契機。**國民教育，41(3)**，26-34。

林淑惠（2003）。體驗學習在國民小學教學上的應用。**教師天地，127**，51-53。

林雅芬（2020）。**遊戲教學促進幼兒創造力發展之行動研究——以遊戲屋經營方案爲例**（未出版之碩士論文）。國立臺北教育大學。

侯秀荏（2023）。**以杜威美學觀點探討幼兒美感教育之建構**（未出版之博士論文）。國立嘉義大學。

胡郁珮、魏美惠（2010）。調色盤裡的狂想曲——以創造思考教學爲導向的兒童視覺藝術教育之探究。**課程與教學季刊，14(1)**，66-86。

唐梅譯（2016）。吳文子著，**認識瑞吉歐：瑞吉歐教育在韓國的再建構**。新北：光佑。

翁巧芬（2014）。**應用 van Hiele 幾何思考層次理論於幼兒幾何圖形教學桌上遊戲設計之開發**（未出版之碩士論文）。國立臺北教育大學。

張春興（1991）。**現代心理學**。臺北：臺灣東華。

張春興（2001）。**教育心理學：三化取向的理論與實踐**。臺北：東華。

張添洲（2000）。**教材教法——發展與革新**。臺北：五南。

教育部（2017）。**幼兒園教保活動課程大綱**。臺北：教育部。

教育部（2018a）。**幼兒園教保活動課程手冊**（上冊）。臺中：教育部國民及學前教育署。

教育部（2018b）。**幼兒園教保活動課程手冊**（下冊）。臺中：教育部國民及學前教育署。

教育部（2018c）。**教育部美感教育中長程計畫**。取自：教育部美感教育計畫。https://ws.moe.edu.tw/001/Upload/8/relfile/7844/61296/e0a9702c-1f05-44ec-9207-f9abf1504abc.pdf

教育部（2019）。**幼兒園及其分班基本設施設備標準**。全國法規資料庫。https://law.moj.gov.tw/LawClass/LawAll.aspx?pcode=H0070037

梁佳蓁（2015）。情境學習理論與幼兒教育課程的應用與實踐。**台灣教育評論月**

刊，**4**(7)，136-140。

莊翌琳（2022）。**科技融入幼兒生命教育繪本之學習、興趣、歷程與成效**（未出版之碩士論文）。國立中央大學。

許芸菲（2020）。從幼兒園教保活動課程大綱看教保員美感教育培訓。**台灣教育評論月刊**，**9**(11)，72-75。

郭重吉（1987）。評介學習風格之有關研究。**資優教育季刊**，**23**，7-16。

郭曉婷（2014）。**零時體育對國小五年級學童體適能提升之行動研究**（未出版之碩士論文）。國立高雄師範大學教育學系。

陳木金（1999）。美感教育的理念與詮釋之研究。〔全人教育與美感教育詮釋與對話〕**學術研討會論文集**，36-51。

陳玉婷（2014）。臺灣幼兒教學者美感素養之研究。**教育資料集刊**，**61**，1-32。

陳朝平（2000）。**藝術概論**。臺北：五南。

陳雅莉（2023）。**以繪本教學活動提升幼兒語言表達能力之行動研究**（未出版之學術論文）。國立中正大學。

陳漢倫（2021）。**美術館展示對兒童觀眾美感教育之研究——以高雄市立兒童美術館的實踐為例**（未出版之碩士論文）。國立臺南藝術大學。

陳龍安（2006）。**創造思考教學的理論與實際**。臺北：心理。

陳瓊花（1995）。**藝術概論**。臺北：三民。

陳麗媜（2017）。**視覺藝術賞析教學提升幼兒美感之實徵研究**。科技部專題研究計畫結案報告。計畫編號：MOST-105-2410-H-159-004。

曾莉婷（2015）。**戲劇教學融入在地文化課程之個案研究**（未出版之學術論文）。國立屏東大學。

曾莉蓁（2010）。**幼稚園師生共讀應用於幼兒藝術學習之研究**（未出版之學術論文）。國立嘉義大學。

湯志民（2014）。**校園規劃新論**。臺北：五南。

湯志民（2017）。教育空間新思維。**學校行政雙月刊**，**112**，175-186。

鈕文英（1994）。學習障礙學生的學習風格與教學。**教育研究雙月刊**，**37**，67-74。

黃光雄（2000）。**教育概論**。臺北：師大書苑。

黃光雄、蔡清田（1999）。**課程設計——理論與實際**。臺北：五南。

黃政傑（1987）。**課程評鑑**。臺北：師大書苑。

黃政傑（1991）。**課程設計**。臺北：東華。

黃麗惠（2014）。**幼兒園繪本創作教學之行動研究**（未出版之碩士論文）。國立東華大學。

黃寶萱（2023）。**以繪本教學提升幼兒閱讀素養之行動研究**（未出版之碩士論文）。台灣首府大學。

楊元隆（2014）。營造美感環境培養學生美學素養。**師友月刊，566**，43-47。

溫瑞娟（2007）。**臺北公立幼稚園繪畫欣賞教材之調查研究**（未出版之碩士論文）。國立臺北教育大學。

漢寶德（2007）。**認識建築**。臺北：藝術家。

劉光夏、李育嘉（2020）。應用體驗學習於國小四年級視覺藝術課程之行動研究。**臺北市立大學學報：人文社會類，51**(2)，1-26。

劉佩雲、簡馨瑩譯（2003）。Jones, B. F., Rasmussen, C. M., & Moffitt, M. C. 著，**問題解決的教與學**。臺北：高等教育。（原著出版於 1997 年）

劉皓汶（2019）。**幼兒園教學者美感經驗之建構——從環境營造開始**（未出版之碩士論文）。臺北市立大學。

墨丸譯（2021）。安東尼・聖修伯里著，小王子。漫遊者文化。

歐用生（1979）。潛在課程概念之檢討。**師友月刊，141**，15-21。

潘教寧（2016）。**國民小學學校建築及校園規劃之空間美學評鑑指標系統建構之研究**（未出版碩士論文）。國立臺北教育大學。

蔡其蓁（1988）。**幼兒視覺藝術之研究**（未出版之學術論文）。南台科技大學幼兒保育系。

蔡清田（1992）。**泰勒課程理論之發展**（未出版之學術論文）。國立臺灣師範大學。

蔡清田（2000a）。**教育行動研究**。臺北：五南。

蔡清田（2000b）。**課程統整與行動研究**。臺北：五南。

戰寶華、陳惠珍、楊金寶（2020）。優質幼兒園評量指標之研究。**慈濟大學教育研究學刊，15**，35-68。

賴志祥（2024）。**繪本情境融入幼兒體能課程對其創造力影響之研究**（未出版之博士論文）。國立臺北藝術大學。

賴碧慧、吳亮慧、劉冠霖譯（2004）。Robert Schirrmacher 著，**幼兒藝術與創造性發展**。臺北：華騰。

謝維玲譯（2009）。John J. & Ratey, M. D. 著，**運動改造大腦：EQ 和 IQ 大進步的關鍵**。野人文化。

鞠宗紋（2011）。從多元智能及學習風格角度探討圖像教學對兩位身心障礙幼兒語言學習之成效（未出版之碩士論文）。國立臺中教育大學。

簡俐珊（2010）。**增進幼兒繪本故事閱讀理解之探究——心智繪圖教學之應用**（未出版之學術論文）。臺南大學。

蘇盈榕（2022）。**幼兒學習環境美學指標建構之研究**（未出版之碩士論文）。國立政治大學。

英文部分

Anderson, L. W., & Krathwohl, D. R. (2001). *A taxonomy for learning, teaching and assessing: A revision of Bloom's taxonomy of educational objectives* (Complete Edition). New York: Longman.

Bloom B. S. (1956). *Taxonomy of educational objectives, Handbook I: The cognitive domain.* New York: David McKay Co, Inc.

Bandura, A. (1977). *Social learning theory.* Prentice-Hall.

Beane, J. A. (1997). *Curriculum integration: Designing the core of democratic education.* New York: Teachers College Press.

Dewey, J. (1938). *Experience and education.* New York: MacMillan.

Gardner, H. (1983). *Frames of mind: The theory of multiple intelligences.* New York, NY: Basic Books.

Gribble, K. (2013). *What is The Reggio Emilia Approach?* Retrieved from http://www. aneverydaystory.com/beginners-guide-to-reggio-emilia/main-principles/

Grove, A. S. (1983). *High output management.* Random House.

Guilford, J. P. (1950). Creativity. *American Psychologists, 5,* 444-454.

Hebert, E. A. (1998). Design matters: How school environment affects children. *Educational Leadership, 56*(1), 69-70.

Maslow, A. H. (1943). A theory of human motivation. *Psychological Review, 50*(4), 370-396.

McClelland, D. C. (1961). *The achieving society.* Princeton, NJ: Van Nostrand.

Rhode, M. (1961). An analysis of creativity. *Phi Delta Kappan, 42,* 305-310.

Tyler, R. W. (1949). *Basic principles of curriculum and instruction.* University of Chicago Press.

Weiner, B. (1985). An attributional theory of achievement motivation and emotion. *Psychological Review, 92*(4), 548-573.

國家圖書館出版品預行編目(CIP)資料

幼兒視覺藝術與創造發展：理論與實務／周敬
模著. -- 初版. -- 臺北市：五南圖書出版
股份有限公司, 2025.01
面；　公分
ISBN 978-626-393-887-8(平裝)

1.CST: 幼兒教育　2.CST: 藝術教育
3.CST: 美育教學　4.CST: 教學設計

523.23　　　　　　　　113016338

118C

幼兒視覺藝術與創造發展
理論與實務

作　　者 ― 周敬模

編輯主編 ― 黃文瓊

責任編輯 ― 黃淑真、李敏華

文字校對 ― 黃淑真

封面設計 ― 封怡彤

出 版 者 ― 五南圖書出版股份有限公司

發 行 人 ― 楊榮川

總 經 理 ― 楊士清

總 編 輯 ― 楊秀麗

地　　址：106臺北市大安區和平東路二段339號4樓

電　　話：(02)2705-5066　　傳　　真：(02)2706-6100

網　　址：https://www.wunan.com.tw

電子郵件：wunan@wunan.com.tw

劃撥帳號：01068953

戶　　名：五南圖書出版股份有限公司

法律顧問　林勝安律師

出版日期　2025年 1 月初版一刷

定　　價　新臺幣420元

經典永恆・名著常在

五十週年的獻禮——經典名著文庫

五南，五十年了，半個世紀，人生旅程的一大半，走過來了。

思索著，邁向百年的未來歷程，能為知識界、文化學術界作些什麼？

在速食文化的生態下，有什麼值得讓人雋永品味的？

歷代經典・當今名著，經過時間的洗禮，千錘百鍊，流傳至今，光芒耀人；

不僅使我們能領悟前人的智慧，同時也增深加廣我們思考的深度與視野。

我們決心投入巨資，有計畫的系統梳選，成立「經典名著文庫」，

希望收入古今中外思想性的、充滿睿智與獨見的經典、名著。

這是一項理想性的、永續性的巨大出版工程。

不在意讀者的眾寡，只考慮它的學術價值，力求完整展現先哲思想的軌跡；

為知識界開啟一片智慧之窗，營造一座百花綻放的世界文明公園，

任君遨遊、取菁吸蜜、嘉惠學子！